抗日英雄小故事系列

王二小 王璞 海娃 张嘎子

周东升 汪铮/主编
杨晨/编著

团结出版社

图书在版编目（CIP）数据

王二小、王璞、海娃、张嘎子/杨晨编著. -- 北京：团结出版社，2015.6（2021.9重印）
（抗日英雄小故事系列/周东升，汪铮主编）
ISBN 978-7-5126-3668-2

Ⅰ.①王… Ⅱ.①杨… Ⅲ.①青少年—抗日斗争—革命烈士-列传-中国-青少年读物 Ⅳ.①K827=6

中国版本图书馆CIP数据核字（2015）第133999号

出　　版：	团结出版社
	（北京市东城区东皇城根南街84号　邮编：100006）
电　　话：	（010）65228880　65244790（出版社）
	（010）65238766　85113874　65133603（发行部）
	（010）65133603（邮购）
网　　址：	http://www.tjpress.com
E-mail：	zb65244790@163.com（出版社）
	fx65133603@163.com（发行部邮购）
经　　销：	全国新华书店
印　　刷：	天津兴湘印务有限公司
开　　本：	670毫米×960毫米　16开
印　　张：	9
字　　数：	82千字
版　　次：	2015年6月　第1版
印　　次：	2021年9月　第3次印刷
书　　号：	978-7-5126-3668-2
定　　价：	29.80元

（版权所属，盗版必究）

目 录

第一章　白洋淀的小嘎子……………………… 001
第一节　嘎子出场……………………………………… 001
第二节　自己的枪，不给你们………………………… 004
第三节　石磊和纯刚…………………………………… 024
第四节　找到刘燕……………………………………… 034
第五节　一枪打死了胖翻译…………………………… 037

第二章　放牛娃王二小………………………… 042
第一节　为什么会有战争……………………………… 042
第二节　我是快乐的放牛娃…………………………… 046
第三节　狼牙口村……………………………………… 050
第四节　鬼子来了……………………………………… 062
第五节　放牛娃王二小故事出版……………………… 073

第三章　光荣的王璞，永远的纪念…………… 077
第一节　纪念碑下……………………………………… 077
第二节　纪念碑与毛毛虫……………………………… 079

第三节 "野场惨案"前三天……………………………… 081
第四节 "野场惨案"两年前……………………………… 084
第五节 "野场惨案"前两天……………………………… 097
第六节 "野场惨案"当天………………………………… 099
第七节 不是故事的故事………………………………… 102

第四章 海娃的故事……………………………… 104
第一节 老奶奶的智慧…………………………………… 104
第二节 要聪明,更要努力……………………………… 111
第三节 战争打破了宁静………………………………… 117
第四节 海娃送信………………………………………… 120
第五节 海娃成了英雄…………………………………… 133

第一章　白洋淀的小嘎子

第一节　嘎子出场

"1937年哪，鬼子就进了中原，先打开卢沟桥，再打开山海关哪，那火车道就进了西川哪嗨儿哟……"一个唱着歌儿，穿着白背心儿、破裤子、草鞋的小男孩，眼神可爱里带着狡黠，唱着歌儿穿过了田里。突然遥遥望见路上有人走来。他一闪而过躲进稻田边的一丛灌木后面。此人围着白头巾，白褂子，黑色布鞋，背着一个简陋的包袱。男孩儿看到他，不禁咬牙切齿："纯刚，这个狗汉奸，他要去干什么？"一面偷偷跟上他。

戴白头巾的纯刚走过田野，转了几个弯，男孩一路从玉米地抄近路，差点把目标跟丢在芦苇荡里，然而终于还是在小路上，以迅雷之势堵在了纯刚面前。纯刚见他，便松了口气，把拔出来的枪收了回去。

"嘎子，别闹了行不？"纯刚脸上全是无奈的表情。"你在县城说要打死我，我只是在县城里，另谋个出路而已。你呀，小孩子，小题大做。"

"你还有脸回来，呵呵。"叫嘎子的男孩绕着纯刚转了一圈，"还拿着枪。你唬谁呢！你现在打算去哪里？"

"去大队。"

"好呀，我这就绑你去！"男孩突然从身上掏出一根长长麻绳，要把纯刚的手缚住。纯刚大惊，奋力反抗。一阵混乱之后，他掏出枪来，对着男孩："你不要再调皮捣蛋！"

"哼！"叫嘎子的男孩冷笑一声，跑了。

嘎子的自白

你还不认识我吧？我叫张嘎子，家住在白洋淀，嗨，我们家那一块，尽是芦苇荡。芦苇是我们拿来卖钱的东西。爷爷奶奶用芦苇编成最好的席子、筐子来卖钱。我爸爸妈妈都是编苇席的好手，可惜他们死得早……他们死了，我是挺伤心的，但我有爷爷奶奶呀，有小伙伴们呀，我可以去找胖墩儿他们玩，他们也乐意跟我玩，虽然有时候我们会打架弄得一身泥，但是感情还是可好啦。我们去白洋淀里头拿大木桶当船划，抓白肚皮的鲫鱼、草鱼，摘清香清香的莲蓬，摸雪白雪白的藕。白洋淀的芦苇荡，高过大人们的头顶，苇花开了就是一望无垠白白的一片，风一吹像银白色的海浪。

你说，这么美的地方，大家要好好保护，对不对？尤其是这里是我的家乡，我决不能让日本鬼子占领这个地方。我干吗无缘无故这样说？因为，我已经唱这首歌给你听了呀，"1937年哪，鬼子就进了中原……"他们有多讨厌，你看看接下来要讲的龟田和斋藤两个人就明白了。他们是来芦苇荡这一片的鬼子头头，手下有几千个兵。县城成了他们的地盘儿，吃喝嫖赌，无恶不作！

中国很穷，我们虽然靠物产丰富的白洋淀里的鱼虾和芦苇好歹吃上了饭，但是我们穿得很差，一件衣服新三年，旧三年，缝缝补补又三年，大家都一样。虽然穷，虽然被战争变得更穷，但是我们有志气打跑鬼子，让祖国重新变美。打跑鬼子靠谁？最可靠的，当然是八路军啦。他们很多时候不穿军装，打扮得跟老百姓一样，冷不丁来个袭击，鬼子什么都不知道就死啦。他们喜欢用另外一个名字叫"游击队员"，在白洋淀里神出鬼没的。而且，他们有真枪，我也特别喜欢枪："叭叭叭"几声就送敌人上西天了，带劲！

我的偶像叫罗金保，你不知道吧，他在白洋淀的八路军里头可有名啦。听了他的故事，我才知道有枪不算帅，枪法好才是真帅。罗金保是神枪手，敌人只要到了他的视野范围内，很少能有逃命的。找罗金保做师傅，那才叫真幸福。你认识他吗，把我介绍给他呗。我会是一个特别特别好的徒弟的。

我最大的愿望就是赶跑鬼子，一想到他们会来抢粮食，做各种坏事，就觉得一定要实现我的梦想：拜罗金保为师，成为神枪手，拯救所有的人。

虽然现在达不到……但是谁能保证以后呢？

现在我能做到的应该就是跟经常上我家串门的八路军区队长老钟同志说说，他得同意啊。

第二节　自己的枪，不给你们

一年前。

"这玩意儿好……"叫嘎子的男孩兴奋地惦着手上的枪。"哎，胖墩儿，你说，咱啥时候有把真枪。啧，那才叫霸气呀。"

脚上缠着绷带的一个干瘦小老头儿，坐在草席上，看着这两个男孩玩着他做的木头手枪，倒也觉得挺有意思，一直乐呵着。叫胖墩儿的胖男孩兴奋得直搓手，"嘎子，你说这个能打敌人吗？"把枪抢过来玩，也是翻来覆去的不肯罢手，瞄准嘎子"叭叭"，嘎子捂着脸"哎呀我的眼睛……我的眼睛……"朝后仰去。俩孩子哈哈大笑。

"老钟，这要是真枪，该多好！"嘎子意犹未尽。突然老钟对他们做出噤声的手势，神情凝固起来。

十天前老钟一条腿血肉模糊，被几个民兵叔叔抬进来。县里的医生给老钟缠了绷带和西药。

窗外，隔着很远，响起了真正的枪声。

"可能是鬼子。"老钱说。嘎子奶奶焦急地站在门口，扶着拖着一条病腿就往后院走。嘎子说："别怕，我带你出去，进了芦苇荡，鬼子就不容易找到了。"嘎子看到奶奶已经把老钟的包裹准备好，就说，"奶奶，咱们一起！"

"你们快走！"奶奶只是这么说。胖墩儿就跟嘎子一起扶着老钟，从后院门出去了。

白茫茫的芦苇荡，一到夏天就尽情绽放。芦苇们都长着高高的个儿，手牵着手，仿佛要迎来一个不寻常的时刻。

她们困惑地听到枪声越来越近，又看见两个男孩儿扶着一个老头，钻了进来。芦苇们纷纷为他们让路。进了芦苇荡，嘎子如鱼得水般，带着老钟往前走。越走就越安全了。

殊不知这时日本兵已经到了他们家门口。奶奶就站在门后，没有惊慌。日本兵把门撞坏了，几个人冲上来抓住了嘎子奶奶。奶奶镇定地环视他们一眼。日本军官发出了冷笑。

"八路军军官，钟亮，有没有？"他操着一口生硬的中文，举起照片问。

奶奶看一眼照片，摇摇头。

两个日本兵使劲用靴头踢奶奶膝盖，奶奶膝盖一阵剧痛，双膝跪在地上。

"还是……不知道？"日本军官意味深长地问一句。

奶奶又摇摇头。

这时，"啪！"一个日本军官朝天放了枪。奶奶一惊：那正是芦苇荡的方向。军官笑了，两撇小胡子上扬，"哈哈，他们逃去了芦苇荡。"

他潇洒地挥挥手，一枪响，嘎子的奶奶倒在了血泊里。

嘎子并不清楚一大波鬼子正在靠近了，虽然他已经几乎是全速前进，可是如果他知道，就没有闲心让胖墩儿摘下路边的一把长得很好看的菱角。

走到芦苇荡深处，嘎子还是会很陌生，好在边缘的地形他都十二分熟悉，除了把老钟背过一条小河有些费力气之外，不需怎么七拐八折，他们赶在鬼子和鬼子的狼狗到来之前出了庄。

剩下的路，老钟坚持要拄拐自己走，嘎子惦记奶奶，也就想着赶回来。胖墩拿不准跟着谁，最后说："唉，我还是去找师傅胡半疯吧。"三人就散了。

老钟一瘸一拐刚走上路，几个守在马路边的鬼子便扑倒了他。怎奈老钟英勇，还是被五花大绑，抓上车去。按长官吩咐，几名日本兵分毫不敢耽误，直接把他送回城，押进地牢里。

钻进芦苇荡，嘎子只想着快快回，芦苇深又密，拨开它们比来时更困难，这些芦苇仿佛在阻挡他，说："嘎子快出庄，这里危险啊！"但是一心想回家的嘎子只顾往前。

走了一步，听到四周"咔嚓"几声响，嘎子愣住了。

一个人朝他走来，嘎子想也不想，果断用力出拳。拳头被人捏住。那人拨开茅草，只见他是典型的日本军官装束，两撇小胡子，土黄色"九八式"军服，嘎子又果断出脚，这回军官握着他拳头一转，几乎把嘎子翻了个个儿，几名日本兵一拥而上，把嘎子手绑了起来。

"小孩，"带小胡子的军官问，"你叫什么名字？"

"哟，会说人话，"嘎子兴奋起来，全然不顾军官脸色变得难看，"我叫嘎子，嘿嘿。"

"你家门口，是不是有棵大的，洋槐树，你家院子里，是不是有一棵，枣树，有个石头的，磨。大大的。"军官连说带比画，看着很弱智。嘎子直乐。

"……"嘎子突然不笑了。日本人知道自己家怎么样，肯定是去过了。那么奶奶……他突然歇斯底里起来："你们还我奶奶，还我奶奶！你们这群乌龟王八蛋，把我奶奶怎么了！你们王八蛋……"嘎子哭得直抽噎，脸都憋红了。

用枪指着嘎子的日本兵上来用军靴给了他结结实实两下子，嘎子咳起来，弯下腰，脸憋得通红。

"哦，原来那是你奶奶。多亏了她，我们才知道你可能在这。不过我们可以不杀你。"军官掏出一块手帕，怜悯地在嘎子脸上擦一擦，嘎子拼命晃头，"我们从不滥杀无辜。只有那些帮助共匪和八路的人，才是该死。你想死吗？"

嘎子抬头望着他，不说话。仇恨占据了他的内心。可是现在自己也被他们杀死，奶奶的仇就报不了了。嘎子让自己冷静，再冷静。在他想要冲口吐出一口唾沫在这个军官脸上的时候，他或许可以做点别的什么。

"看出来了，你并不想死。"军官给自己找了个台阶，"那么好，你，给我们带队到'鬼不灵'去，知道那是什么地方吧。"

鬼不灵，八路军的驻扎地。怎么可以带他们去那里？嘎子突然心生一计。"好，"他说，"可你们得给我松绑咯，我不喜欢这样走路。你们要是不放心，我走最前边。"

军官优雅地点头表示对嘎子如此配合的感激。队伍出发了，然而不是去"鬼不灵"，而是朝芦苇荡的深处。

嘎子要把他们带进芦苇的海。虽然那儿自己也不是很熟，但是入了水，就说不定了。

军官觉得这片有些潮湿，觉得不对劲时，嘎子便不等他问就解释道："这一片低洼地，比较湿，大概走一刻钟就过去了，然后就是一条去'鬼不灵'的小路。"再往前，走着走着，突然"扑通"一声，嘎子往旁边一跳就没了人。顿时日军一梭子弹"哒哒哒哒"，射进他跳的芦苇里。拨开一看，原来他们就走在一处湖边。子弹破坏了湖面的宁静，嘎子潜下水底，游得远了，在密密的芦苇中小心地冒出脑袋，仰头呼吸；然后他继续游，一直到安全的地方。

鬼子们浪费了许多子弹后，发现湖面恢复了宁静。军官摆摆手说撤，哪里轻易撤得出去？只能无头苍蝇般乱转到天黑才发现一条不知通往何处的小路。他们够幸运，这条路是平时摸藕的人留下的，一直通到村外。日本兵们出去之后因为天已黑，怕八路军偷袭便不敢久留，直接回了城里。

嘎子回到家中，对着奶奶的尸体痛哭，邻居纹银老汉过来，

说嘎子再伤心也别不吃饭啊,拿了些东西来给嘎子吃。厢房里放着奶奶给自己打的棺材,以前爸爸还嫌不吉利,奶奶总说,不能多给你们添麻烦啊。现在,这口棺材派上用场了。两个人把奶奶尸体扛出去埋在一棵松树下。嘎子心里说:奶奶,我一定给您报这个仇!

对于一个十二三岁的少年,这个杀亲之仇到底怎么报,仿佛只有一个答案:拿一把枪,找到今天的日本军官,一个子儿过去让他脑袋开花。嘎子和纹银静静地在松树下坐着。嘎子问纹银:

"你说,罗金保现在在什么地方?会不会在八路军指挥部里?"

"在'鬼不灵'?不,他在县城里。这段日子,他总是神出鬼没。"

"我明天早上就去县城找他,要他教我打鬼子。我还要弄到一把真枪!"

"不行,不让你去。"纹银慌了,坐了起来,"你不知道龟田率领的大队开着坦克,随时可能到'鬼不灵'去,也随时可能到村里来?他到村子里来,顶多缴点粮,我们不出什么事儿就是安全的;去'鬼不灵',那就是要打仗了,到时候枪炮子弹满天飞,你一个娃娃,一下子出事了,我怎么跟你奶奶交代?日本兵抓过你,他们认得你,一见到直接开枪崩了你,去县城,死路一条!"

"我——必——须——要——去!"张嘎说得斩钉截铁、咬牙切齿。

"你屋头大人都不在了,我得管起你来,一下子被鬼子打死了,我怎么跟你爹娘、你奶奶交代?你想去,老子打断你的腿!"

纹银老汉说这些话都出自他那朴素的好心,他平日里也确实把嘎子当亲娃儿对待。但是嘎子决心已定。两人回屋后,嘎子装着气愤愤的样子,睡着了。纹银老爹不放心就睡在他旁边床上。看着嘎子有了鼾声,自己才放心入睡。

第二天一早,纹银老汉起了身,发现自己手被绑住了。这是咋回事?再一看,嘎子床上早空着了。老汉重重地叹了口气。

这嘎子，决定了的事情，劝也劝不住！

那边儿嘎子刚刚钻出了芦苇荡，过水里顺手摸了一截生藕来啃，他得意地想，我要出庄去，谁也拦不住。今天一大早，天气是晴的，嘎子的新世界还在等着他。

进了县城，看到有卖驴肉火烧，嘎子就可耻地流口水了。一摸兜里，哎呀，早知道该从纹银身上摸点钱带走。既然没钱，那爷要么不吃，要么吃最好的！嘎子本着"一不做，二不休"的态度，在街上乱逛。

突然，一块"集贤居"的牌子吸引住了他。嗬，好大的饭庄！看着就高档。嘎子拿出平生最大爷的范儿，迈着八字步进了店内，喊道："小二！"

集贤居的主人佟老板可犯了难，一个破衣烂衫的小屁孩进来喊上菜，用脚趾头想就知道是要吃霸王餐。可是现在时局到底跟以前不一样，现在中国太乱了，日本鬼子进来了，汉奸特务满城跑，谁知道这个孩子又是什么来头？小二也疑惑，看佟老板指示。最终佟老板本着和气做生意避免麻烦的原则，挥挥手让他去。

小二拿来了菜单。嘎子好歹识了几个字，照着念："京酱肉丝、芦花鸡、小白龙过江。对了再来个红烧肘子。"说完一拍桌。因为他记得有大人这么做过。

"得嘞！"小二去了。

很快，桌上堆满了鸡骨头和残渣，嘎子肚子都撑了起来，在椅子上使劲儿往后伸展，发出一个又长又美的"嗝儿——"

"一共四块大洋。"佟老板不客气地站到他旁边来。

嘎子眼珠便转了一转。

"您倒是付钱哪。"佟掌柜一副"我知道你就是欠扁"的表情，慢条斯理地说。

"我——没——钱——"嘎子表面潇洒，实际上紧张地看着佟掌柜。

佟掌柜招招手，几个伙计围了上来，抹布在手里打一个转，又往肩上一甩。

别以为嘎子光是吃，他早就想好招啦。电火石光间，往桌下一窜，猫身溜出了包围圈。接着就往楼上奔去，消失在拐角处。

嘎子这回真好运气，或者说佟掌柜今天也是好运气，因为就在他们围住嘎子的时候，两名日本军官带着一批日本兵，正开着车靠近酒楼。就在他们下车，引起的声响让佟掌柜注意到时，几个伙计正抄了家伙要往楼上追去。

"快下来快下来！"佟掌柜急忙喊住了他们。嘎子顺利逃脱。

进来的为首一个军官正是杀死嘎子奶奶的高个小胡子，双手背在背后，一进来便四下打量，佟掌柜眼里嘴上全是笑，把他让进了八仙桌面南的椅子里。

第二位是满脸横肉膀大腰圆的军官，也是一身"九八式"，好似没胡须般的猛张飞，全身散发着杀气。佟掌柜一见他，腿就不由自主地微哆嗦，因为他不但嗓门惊人，还会专门让自己的妻子给他上菜、敬酒。但佟掌柜面上的笑可是一分都没弱。

日本兵们纷纷入座。上好的酒菜端了上来。两名军官相互敬酒。

嘎子在楼上一间房里，一眨不眨地望着他们。可惜了今天没带弹弓，不然一定替奶奶报仇！这时，突然感觉有人进了房里。嘎子吓得一下子跳起来："是谁？"

"受死吧，你这个狗汉奸！"一个小男孩拿着弹弓瞄准他。

"你冷静！冷静！你凭啥说我是汉奸呀？我还说你是汉

奸呢——冷静！楼下那个日本人，个子高，小胡子戴眼镜那个，他杀了我奶奶，你弹弓借我用，我要杀了他！"

"不给你，倒不是因为他是我干爹。而是因为他被杀了，龟田就会把我、我爸爸和后妈都杀了。"小男孩放下了弹弓。

"可是你既然不是汉奸，为什么吃饭不付钱呢？"

"……"嘎子下决心下次再也不吃饭不带钱。

"来我们这里好多大汉奸，吃完饭都不用付钱，比如那个胖翻译，还有一个歪嘴。"小男孩认真地说，"既然你说你不是汉奸，我其实也觉得你不太像，汉奸吃完不给钱，爸爸还要把他们送出去；你吃完不给钱，就差点挨打了。"他过来把弹弓递给嘎子。

"我叫张嘎子，你叫我嘎子好了，你叫什么？"

"佟乐。"小男孩答。

"佟乐，那个小胡子的你的干爹叫什么？"

"斋藤。"

嘎子心里可高兴了，拿着弹弓就要瞄准。佟乐说："你只杀他一个人不行，还有那么多日本人呢！"

是啊，杀了斋藤还有个龟田，都杀了，也还有十多个日本兵，到时候他们把佟乐一家杀绝了，岂不糟糕？嘎子想了很久。

"这样吧，你快走，我一人做事一人当，让他们知道是我做的。大不了他们把我杀了，不会连累你们的。"他坚决地把佟乐推开了。

他把弹丸拿在手上,一看,怎么是泥做的?

好在自己腰里缝了两颗跟胖墩打鸟用的铁砂丸。嘎子沉下心,瞄准。

铁砂丸从窗户眼儿里飞出去,嘎子好像看到了它飞出了一个漂亮的弧线——啪!打中了斋藤的后背。

龟田发现斋藤突然不说话,整个身子往前倾了一倾,立马反应过来,用日语大喊:"有特务!有刺客!"

所有的日本兵齐刷刷站起来,举起步枪。嘎子把弹弓往怀里一塞,在佟乐惊讶的目光下,蹿上梁,往屋顶去了。

从屋顶跑,是非常快的方式。好在有肚里的芦花鸡作底,嘎子往城门方向逃去。

嘎子有一个不算熟的熟人。这个熟人也随着日军到了集贤居,他早年学了些日文,本来应该去翻译科技文章,可是他发现给日本人,尤其是日本军官做翻译分外赚钱,战争打响后,像他这样的人才又十分有市场,他就去跟了龟田。

他就是翻译张。张翻译因为极胖,尤其是跟了龟田之后,街上小孩都叫他胖翻译。胖就胖呗,心宽体胖(pán)嘛,管其他人叫他狗汉奸还是别的什么,他一概笑纳,摇着一柄夏天不能缺的大蒲扇。

翻译张,从战战兢兢的佟乐的描述中,很容易就知道了这个打了斋藤一颗子儿的破小孩就是自己的一个老仇人。

斋藤一边让人处理自己伤口,一边发布全城搜查令,一边安慰干儿子佟乐:

"再这么不帮着老爸,可是要被打屁屁的哟。"

让佟乐做日本人的儿子,也是佟掌柜的精明之举。这个日本军官,虽然每次来都是白吃白喝,但是其保护效应却极为有用。城里的土财主、地方官,没有不敢来照顾他家生意的,地方上也绝没有人来找麻烦。佟掌柜刚才便极尽了口舌为儿子开脱,加上佟乐确实一副吓怕了的样子,让斋藤不再怀疑。那个叫"嘎子"的孩子形容起来,非常像把皇军骗进芦苇荡的那个;加上他用的也不是佟乐的子弹,故而相信了他。

"干爹是开——玩笑的!"斋藤对佟乐笑,用日本人说中国话时特有的口气,"一会儿干爹带你吃蛋糕,好不好?"

"好。"佟乐怯怯地说,终于不哭了。干爹毕竟对他还是好的,带他吃各种好吃的,照顾爸爸的酒楼,教他日语、围棋。孩子就是孩子,他一会儿就开心了。

翻译张带了三个人,往南边城门去了,那是通往芦苇荡的城门。

嘎子尽管飞檐走壁,速度却没有胖翻译他们的三轮摩托车快,他只知道自己要快点出城,上次抓八路,所有的城门就都关了。

"老大，我们要不要下令关城门把半大的小孩都抓过来？"一个兵问胖翻译。

"不用了，我认得他。"

嘎子赶到城门，发现还是开着的，好险。

他正要一鼓作气奔出去，就被人牢牢抓住了肩膀。

"哼！"胖翻译看着被三个兵捆绑起来的嘎子，一脚踏在他胸脯上，"看这回谁赢了？"

胖翻译赢了？嘎子真不愿承认这一点。他跟嘎子一样，是芦苇荡附近村里的，当大家听说这个读了书的人要去做日本人翻译的时候，大多数家庭疏远了他，少数人如嘎子之类的小朋友，决定去恶作剧一番。他们准备了一整桶的粪，趴在他家房梁上，等胖翻译出门时浇了他一脸。

几年后，他出现在大街上，腰里别着枪，趾高气扬。嘎子和奶奶在大街上卖席子，胖翻译故意说要试试，拿鞋去踩去碾。嘎子气不过跟了他几条街，偷偷地用连发弹弓打他的屁股。胖翻译气急败坏，没逮到人。等他找回嘎子奶奶的摊子，嘎子已经跟着奶奶回去了。

现在两个人的恩怨仍没完。

躺在地上的嘎子想往他脸上吐唾沫，考虑到距离太远唾沫可能落回自己脸上又只能作罢。嘎子全身是绳子，看到胖翻译直接去掏怀里的枪，心想这回一定完了。

但是连环画里每次主人公说"这回一定完了"的时候,都会有大侠出手相救,这在小说里也是一样的道理。

"啪!"不知何处,一颗子弹。"啪啪"两枪连发,都在极短的时间内。嘎子身边三人血从胸口涌出,缓缓倒下。嘎子从浓烈的血腥气中挣扎着站起来。来人缓缓出现在他的面前。只见他戴一副墨镜,上身布料似长袍,却穿了棕色布裤和皮靴。他麻利地抽出短刀,割断嘎子手腕间的绳索。

那边胖翻译以与他体型极不相符的速度在逃跑。嘎子望一眼,没有迟疑,抓起摩托车上的手电筒朝胖翻译扔去。目标应声倒地。躺在地上的胖翻译鼻血横流。嘎子看到他身上枪乌黑乌黑,感觉沉甸甸的,顿时很激动,摸下他身上的枪别在自己腰里。

救命恩人拉嘎子上马一路飞奔,嘎子有种预感,他们会去"鬼不灵"。

白洋淀很大,遥遥望去是神秘美好的芦苇荡,那头是嘎子的村庄,另一条路往前,是易守难攻的"鬼不灵"。这个名字仿佛正是勇敢的八路军为抵抗日军侵略而取的。绕过崎岖的山路,过了几个山口,他们进了传说中的"鬼不灵"。

墨镜神秘人一直搂着嘎子的肩,直到走进两层楼高的指挥部。

"老钱!"门口突然出现了一张熟悉的脸。嘎子死里逃生,几乎要热泪盈眶。

"嘎子！"老钱又惊又喜，抱住了他，"罗金保同志呀，谢谢你呀谢谢你。嘎子平安了，我就放心了！"

什么？嘎子猛转过头去看这个救了自己的神秘人。他摘下了墨镜、帽子，露出了一张络腮胡的脸。罗金保！这个大偶像今天竟然出现了？嘎子除了嘿嘿直笑，说不出一句话来。罗金保瞅着男孩，"哟，看你表情，我好像是你偶像？"

"当然是，大偶像！"嘎子脱离了老钱的怀抱，转而和罗金保勾肩搭背。"我觉得我啥都不适合，就特别适合当你的徒弟，真的。你教我使手枪吧！"

"罗金保做你师父，倒也不是不可以。"老钱走到他们身边，"嘎子这孩子的奶奶，为了不说出老钟的行踪，牺牲啦。这孩子可教，你不光教教他枪法，也教教他为人。"

罗金保看看嘎子，嘎子看看罗金保。"师傅！"嘎子叫。"哎！"罗金保爽利地答，"你跟我可以，首先你要当一个小八路。"

这下，嘎子的大心愿，有一把真枪，当小八路，就都实现了。他别提多开心了。

"鬼不灵"并不全是八路，也有各地来的联络员，指挥部的工作人员的家属，还有他们的孩子。"鬼不灵"的孩子们有一个共同的特点，就是平时爸爸妈妈管得严，很少出去玩，更不能随便出村去玩。

可是胖墩儿和胡半疯来了之后,他们就可开心了。

胡半疯会拉胡琴,拉二胡,有一套皮影戏的行头。他之所以有这么个名字,是因为说话疯疯癫癫,给人一种不淡定的假象。实际上,他可算是一位靠谱至极的民间艺人。皮影戏是他的绝活,而胖墩儿在跟他学皮影的过程中,没少挨过打骂。老一辈儿的师傅们总是坚信严师出高徒的,打胖墩儿,按他自己的话说,是为了"叫你的手别老抖",百分百是为了胖墩好。

胡胖师徒在鬼不灵演的第一个皮影是《鹊桥相见》,在晚上村里的空场坝里。小朋友们围得里三层外三层的,大人们都被吸引了过来。胖墩儿很自豪。后来,每个月赶场的晚上,他们都会演一场。

今天却很奇怪。胖墩儿发现看皮影的人少了好多。他探头出去看,观众怎么那么稀少?没想明白,却"哎哟"一声,头上挨了胡半疯一锤子。胖墩儿想了半天按捺不住,明明是悲伤的剧情,小朋友们怎么发出笑声哪?他禁不住再探头——又挨一下子。"你再心不在焉试试!"师父的眼神仿佛在说。胖墩儿很委屈,不过他刚刚看清楚了:嘎子那家伙,在炫耀他的枪呢!刚才那神态,那得意的仿佛他自己是个大英雄的劲儿,真是欠扁得很。他忍不住又探头一看:嘎子做出刚刚躲避敌人攻击的灵巧样子,小朋友们齐声喝彩(自己头上又挨一记),嘎子得意地吹了吹枪口（自己头上又挨一下）。"你看你，皮影全是模糊的，让人家怎么看？"师傅半痛心半气急败坏地对他说。"根本就没有人在看啊！"胖墩儿说。师徒都看着嘎子的激情表演，叹了口气。

谁知，这么得意的人，第二天就得意不起来了。

老钱坐在藤椅上。嘎子推门就看见他在闭目养神。嘎子敲敲门。老钱睁开眼，"对不起，张嘎子同志，你看最近鬼子给我一搅和，事儿太多，刚刚就打起哈欠来了，还望你不要见怪啊。"

"老钱你讲话怎么这么奇怪啊，跟我这么客气？"嘎子哈哈大笑。

"叫我老钱同志。"老钱背着手站了起来，"我呢，今天是来缴张嘎子同志的枪的。"他突然眼睛一睁，分外有神。

"什么？！"嘎子下意识紧紧护住腰里，后退一步。"我的枪你不能抢！这是我自己抢到的，你这个强盗。"

"不是我缴，是队里缴。"老钱很耐心。"你是不是八路军小战士？"

"我是！"

"你要不要服从八路军的命令？"

"命令是正确的，我就服从；是错误的，我就不服从。"嘎子接得很快，话语干脆利落。

"嗬，是有长进了。不过，你是说'对我有利的就服从，没有利的就不服从'，是吧？"

"可是这枪是我缴的。"

"对，但是枪归队里，由队里统一分配。每个人，无论缴到了多少把枪，都归队里。很少人才能身上配枪。像罗金保那样的老同志，要经常执行任务，就给配一把。你以后磨炼成熟了，也会给你配的。"

"那我就没有枪了？"嘎子冷笑，"你倒为啥不早说？是不是因为我昨天晚上玩儿枪了，胖墩告状？说给配才给配，我没有了枪,什么时候你们把枪还我？"

"在组织认为合适的时候。嘎子,组织认为你进步很快,放心,不久你就会拿到枪的。并不是因为告状或者谁一句话就决定的。等你参与过几次大行动,亲身证明了你是一个合格的八路军战士之后,我们会把枪发给你。我没早说,是因为罗金保同志开了一个大玩笑,他直到昨天才告诉我,你从龟田的翻译官那里弄到了一支枪。我已经严肃地批评过他。"他说最后一句话时,略有沉吟。

"我看,这就说明了我师父支持我有枪！"嘎子一下子变得很坚定。

"你啊,你啊。"老钱摇头,"你个熊孩子。好了,按组织上的硬性规定,把枪拿来吧。"

"不拿。"嘎子把枪护得紧紧的。

老钱说："那好,你不拿,我也不拿,组织来拿吧。"门一开,两个年轻民兵进来,各立在门的一侧。"嘎子,你不要违反纪律,我也不想强抢。如果你再不交出组织的枪,我就让他们来为你强行上缴了。"

"你这就是强抢！"在嘎子的哭声中,枪被抢走了。

过了几天老钱做出高姿态,请嘎子吃驴肉,嘎子说,没兴趣,就走了。几个同志们站在一边说,嘎子这孩子,不懂规矩,再过几天就好啦。

嘎子确实慢慢地在理解老钱，但是这种理解确实需要时间。

第三节　石磊和纯刚

所有的八路军老战士小战士都一人领到了一杆枪。老钱得到可靠消息说城里日军在抓紧训练，要拿下白洋淀的八路军。大队下达了加紧训练的任务，同时又要让老百姓们瞒着收成，等稻谷飘香的时候抢收，别让鬼子军队一来抢粮，地里就啥也不剩。

纯刚还带回消息说，区队会下派新的特派员来指导大家工作。嘎子拿着新到手的枪，心中有了一个主意。

他要去城里照相馆里头去找纯刚。

半年过去了，嘎子长高了一点儿，身形也有了些变化。他找来白头巾缠着，等到天快黑了，偷偷混进城里。

巡夜的人刚过去，嘎子从巷子里摸出来，照相馆已经关门，灯却亮着。他右手伸到怀里拿住枪，左手去推门。门开了，屋里好像没有人。嘎子一跳跳进去。

这下他却吓一跳，屋里有一个小女孩，比他小三四岁的样子，蓝花布袄，两个羊角辫，亮亮的眼睛看着他，也没打算跑，也没有慌乱。

"卯时鸡鸣，后天天晴。"小女孩说。

嘎子咽一口唾沫。这句暗语的意思是：我是"鬼不灵"的八路军。然而这么小的女孩绝不可能是八路军，当然嘎子也不相信她是日本鬼子的小特务。

"天黑放牛，滑倒在地。我叫嘎子。"嘎子靠近她，小心地说。

"我叫玉英。"女孩说。嘎子在她旁边坐下来。

"你今天，回不回白洋淀？"

"回，等我办完了事儿回。"嘎子说。看来她只可能是八路军这边的人。

"我的爷爷奶奶，都在那，你跟我一起回，我带你去见你亲戚。"小女孩说。

她的声音带着一股耐人寻味的早熟与冷静。我有啥亲戚？嘎子纳闷。这时，一个念头浮了上来……

正当他兴奋起来，准备开口说的时候，门一推，纯刚出现在门口。两人都一愣。

"好你个狗汉奸！"嘎子拔出枪来。

"你这小兔崽子坏我好事！"纯刚就门后面拿了一块木板子操在手里。

"今天有枪，老子毙了你！"嘎子急得面红脖子粗，这个狗汉奸！

"今天倒没枪,狠狠揍你一通!"纯刚瞪着嘎子。

玉英在一边,看着直跺脚,怕两个人真闹起来。

几个月前。

区上派下一名特派员,两名联络员到白洋淀,这对于白洋淀的地下党工作,分外重要。老钱点名让罗金保、纯刚去接应,留嘎子在内的五名小将在县城探听情况,老钱亲自在芦苇荡接头处带了七个人等候。

嘎子看到罗金保带着纯刚一前一后进了作为联络站的照相馆,便绕着照相馆转了几圈。此时太阳已西斜。

另一名小八路,三虎,招呼嘎子一起去司令部附近探探情况,他们便离开了。鬼子县城的司令部一如既往地平常:门口的日本兵、角楼的探照灯雪亮,没有什么车从里边出来。他们一直放哨,估计特派员这会儿到白洋淀了,他们才回到照相馆。

如果俩小孩足够细心,就会发现对面楼的灯光在他们赶到照相馆门前的一刹那灭掉了。他们刚准备出城,胖墩急急忙忙跑过来。

"我就知道你们在照相馆。赶紧在城里找个地方躲起来。芦苇荡不妙了,日本兵分几路进攻,老钱让人来找我师父,师父来找我,我来找你们。赶紧跑。"

嘎子头一个想到的地方就是集贤居。他们偷偷躲在门外。嘎子用小石子敲佟乐房间窗户,佟乐看到他们,开了后门。

"到底怎么回事，胖墩？"关上房间门之后嘎子问。

"消息泄露。"胖墩表情凝重。"我师父说，特派员被抓走了，联络员死了一个。老钱受了伤。嘎子，你知道吗，日本人早就在芦苇荡四周埋伏了，他们一出庄，就好多鬼子，好多子弹……"

嘎子拳头捏得紧紧的。

"我闹不明白，消息是怎么让鬼子知道的呢！"胖墩往佟乐床上一坐，很苦恼。佟乐给了他一块西瓜，他就苦恼地大啃起来。

"老钱说了，这次几乎是保密的，只有参加的人才知道。那不参加的人，就可以不考虑了。"嘎子踱着步，自我分析起来，"我，你，三虎，都不可能告密。"

"那剩下的人，老钱不可能告密，基本不可能。那七个人有可能。罗金保不可能。纯刚有可能。胖墩，你觉得是谁？"

"啊？谁？"胖墩抬起头，一抹下巴上的西瓜汁。

"算了。跟你们说一个秘密。"嘎子让他们靠近。

"我其实已经知道谁是汉奸。纯刚！"

"那你刚才怎么不说。"胖墩很不满意。三虎一脸惊讶。

嘎子是一个执行任务非常积极的孩子。在接应特派员的前一个下午，他的的确确看到纯刚"鬼鬼祟祟"从照相馆出来，右拐进了后面的巷道。他紧跟纯刚。他一身深色长袍，帽子压得低低的挡住脸，右胳膊下夹了一个包。纯刚走得速度之快让嘎子更生怀疑，因为按当天的安排，纯刚是没有任务在身的。更气人的是，纯刚上了一辆三轮车，嘎子便望尘莫及了。他又要小心被胖翻译和斋藤手下发现，就继续回照相馆门口蹲点。两个钟头之后，嘎子快要睡着了，纯刚从另一条巷道返回——手里提了个皮箱子。

"包里是秘密资料，皮箱子里，是鬼子给他的钱。"嘎子得出了结论。

"哦！"胖墩似有所悟。三虎则说："你看见他打开过了？"

"……没有。"嘎子很快又说，"我当天晚上拐着弯问老钱，他说当天纯刚没有任务在身。我问纯刚说下午去找他，他去哪里了，纯刚随意说他去街上转了转。他是从后门出去的，除了我没有人看到。"

"那确实有怀疑。"三虎说，"但是我们也可以怀疑老钱带的那七个人。"

"哪七个人？"

"只知道他们看起来都很老实啊。我也不知道名字啊。"

的确，孩子们只知道老钱挑了区队里几个枪法准的，有力气有头脑的八路军叔叔，鬼不灵的八路军叔叔那么多，他们也不清楚有哪些人。

"只能说目前看来，纯刚的怀疑最大。"三虎说。

嘎子陷入了沉思。纯刚的行为，越想越不对劲。不行，他肯定是汉奸！

斋藤正巧来集贤居喝酒，拿了盒点心，让佟乐下去吃。嘎子一冲动把枪拿出来，这下胖墩和三虎都死死地按住他。十多名日本兵呢！这可不是好玩的。

佟乐上来说："斋藤喝醉了，说了好多日本话。我只听出来'抓住了''这下好了''审问'这些词，还有'天皇万岁'。'天皇万岁'他喊了好多遍，身边那些兵都犹豫着要不要跟他一起喊。"

"'抓住了'指鬼子抓了特派员；'审问'，是不是说特派员还没死，要抓去审问？"嘎子眼睛亮了。

"肯定会审问呀。"胖墩小声说了一句。

"希望他别受太多罪。"三虎说。

佟乐嚷嚷说头疼要早睡，把斋藤的糖分给他们吃了，门闩好后几个人挤佟乐的床睡了。早上佟乐偷偷放他们出去。

"嘎子哥一定要再来！""一定！"

结果再来的时候不是来集贤居，而是去监狱救佟乐。

嘎子不想看到纯刚，但是他们得去照相馆，他们在旁边巷道里勘探了很久的"敌情"，被人发现了。一个浓眉大眼方下巴缠着白毛巾的男人探出头来，说了暗语。进了照相馆。

"我是石磊。"他说。"绕路回鬼不灵。村里现在别回去。

我们损失惨重,特派员被抓走了,联络员被杀死一个,打伤了一个。"

"为什么没见过你?"

"我是新来的联络员。"

"你受伤了?"胖墩问。

石磊解下毛巾,他们看到他头上的伤。

"我记得师傅说过,两个联络员里死了一个是男的,活着那个是女的。"胖墩如背课文般摇头晃脑慢悠悠地说。

"我是他们的'备用方案'。"石磊小心地解释道,"防止一个出问题,情报送不到。我带的是跟他们相同的情报。"

"为什么不回村里?"

"鬼子在扫荡。"

听了这话,嘎子立马跳起来。胖墩也是。不可能所有的人都转移到鬼不灵了,乡亲们肯定还留在村里呢!不行,趁着腰里有枪,得去救他们。

三个人都一样想法,马上行动,拔腿就跑。石磊大喊:"老钱说了,这是纪律,不准去!"无效。他只好跟着去。

鬼子的大队已经进村,嘎子凭着在村里混迹多年的经验,愣是抄了小道,趴在山头,他最想救的还是纹银老汉。石磊觉得这里暂时相对安全,让他们好好待在山头别动,嘎子趁他没注意,沿着一棵老树梭溜下去。

胖墩这点上倒是佩服嘎子，两人平时又是经常比爬树的，便也不甘示弱，跟他下来。

石磊赶紧拉住三虎，三虎并不是村里长大的孩子，没有跟着。

他们溜进了纹银老汉家的水缸。石磊和三虎，则眼睁睁看着两人前脚近了纹银老汉家后院，日本兵后脚就包围了整个小院。为首的是满脸横肉的龟田。

嘎子躲在米缸后边堆木炭的旮旯里，胖墩挤在水缸后边狭小的角落里。两个人听到龟田大吼出来的是日语之后心先凉了半截。

胖翻译问："你儿子人呢？"

纹银老爹答："城里头，他不回来。"

嘎子看到纯刚这个狗汉奸，正蹲在床底下。他心中顿时燃起了熊熊火焰，想把纯刚串起来在火上转着烧。

龟田发出一连串日语。胖翻译："你到底说不说。"

一片沉寂。

龟田发出刺耳的笑声，叽里呱啦几句。

"你要是死不悔改，我就只好放一把火，让你'死'不悔改。"胖翻译翻译得颇有文采。

"呸！"纹银老汉大啐一声，"狗汉奸，臭日本人上我家来撒野，让我告诉你我儿子在哪，没门！你要烧就烧，少废话。"

胖翻译同声传译，让龟田也呀呀着叫喊"呸"了几口。

这时胖墩使劲给嘎子递眼色，嘎子却闷头想法子，看不到他表情。胖墩伸出手指指着纯刚的床底下，嘎子却没看到他。想挪过去跟嘎子说，风险实在太大，他十分着急。

嘎子突然抬头，眼睛里是闪动的光芒。他二话没说，扫一眼四周，箭步一窜到了门口，掏弹弓，装弹，一气呵成。

"三、二、一。"他默数，瞄准龟田，就要射击。

胖翻译此时刚好点着老汉床席上稻草。嘎子迅速一颗弹先打着胖翻译的手。这时，几声枪响传出。龟田大叫大骂起来。又有几声枪响从山上传来。龟田大吼几声，捂着受伤的胳膊朝门外退去。

纯刚趁着机会出村了。

几个月后，照相馆内。

玉英惊恐地看着两人，不知道他们要真的打起来，纯刚叔这命要不要了。"你们别打了！"她又怕喊得太大声。

嘎子还在跟纯刚怒目对视。这时窗外有巡逻的摩托经过。两人突然意识到任务在身。

"玉英，走，哥送你回白洋淀去。"

转身狠狠又瞪了纯刚一眼。"早晚有一天杀了你这狗汉奸。"

玉英让嘎子喊她"英子"。英子的爷爷奶奶都是庄上，她告诉嘎子，她的刘燕姐姐正是当时负伤的联络员。她藏在家里头。鬼子自从上次扫荡之后，天天在芦苇荡跟鬼不灵那段路上巡逻，刘燕姐因负伤，就不轻易去。

昨天英子来照相馆，联系上了石磊。石磊决定跟老钱请示，亲自去芦苇荡接回刘燕。两个人夜路上边走边聊。英子到底是小孩子，不断打哈欠。嘎子就把她背起来，自己不敢睡，一路奔去庄上。

遇到蔡老伯，看见嘎子便说："村上又出了个汉奸！家里着火了！"嘎子一听以为纯刚被烧了，顺着蔡老伯指的方向一看却不对。老伯又看见嘎子背上的英子，说："唉，就是这女娃子，惨哪！爷爷奶奶被杀了。"

英子被嘎子一路飞奔颠醒了，刚一睁开眼却看到大火烧光了的是自家的房子，顿时大哭起来。石磊来到他们身旁，全身都是灰烬。英子一见他就大喊：

"你还我的爷爷奶奶！还我爷爷奶奶……"一面使劲捶他。

石磊只是呆呆地说："她跑了……对不起，英子。"

咋回事儿？嘎子惊讶地看着石磊。老钱带的人现在也赶到了。"刘燕是叛徒，见了我，她又惊又怒，我们扭打起来。怕惊动英子爷爷奶奶，她把我打晕，关在门里，点火烧了整个屋子。"石磊边说边捶胸，"她用了油，是先从你爷爷奶奶房间里烧起的。我拼命救火，也没能……"

他给英子跪下了。

"你骗人！"英子尖尖地喊，上去踢他，被嘎子拦下来。"刘燕姐是受了伤在我们家！她不可能伤害我爷爷奶奶！你杀了我爷爷奶奶！……"

石磊没有吭声，低着头，抹着眼泪。

嘎子、老钱等人都觉得这事有蹊跷。但刘燕实在找不到，爷爷奶奶又已经死了，怀疑石磊的一点实际的证据都没有，他们把英子带回了鬼不灵。

第四节 找到刘燕

此刻刘燕在芦苇荡里，东奔西窜，她自从从英子家逃出来，破衣烂衫，粒米未进。看到水里的虾或者野菜，直接抓来就吃。她一只眼睛肿胀得厉害，身上数处烧伤。

刘燕喘着粗气，想起了什么，在芦苇丛中停下来。

她得留个记号，让英子找到她。

刘燕觉得有些眩晕，身体极其不舒服，她找了块地方坐下来。身体很累，轻飘飘的，她困极了。早上来了个男人说叫石磊，是鬼不灵派来接应的人。暗号都对上了，刘燕把情报告诉了他。石磊郑重表示，鬼不灵八路军感谢她。随即他面色冷峻，又问起特派员的信息来。刘燕起了疑心。突然之间，石磊猛地一拳打在她眼睛上，说要杀了她，放火烧了这座房子。刘燕力气比不过他，石磊把她拴起来，二话没说在房间浇油放火，刘燕便拼死了去救英子的爷爷奶奶。石磊冷冷地说："等会儿鬼不灵的人来了，我就告诉他们说，你烧了房子，你杀死英子的爷爷奶奶……"

权衡之后，刘燕只得跑。

此刻她实在太累，太困，折了根芦苇秆子放嘴里嚼着，躺倒在地面上睡着了。

这边英子告诉嘎子，刘燕姐虽然是联络员，但是有特派员的绝密资料，这资料就藏在灶台灰烬下的石板下的坛子里。他们便偷偷地重又进了英子家厨房，拯救了坛子里的布片。嘎子拿到展开读，密信内容如下：

7月28日，丑时，一批药品要经白洋淀送到前线，紧急。落款是个符号。

他心里又高兴，又担心。

离28日还有10天。嘎子说："那咱们还有几天时间争取。"英子点点头，"还有，得找到我刘燕姐。我曾经跟她说，如果被敌人追，最好的办法是躲进芦苇荡。她一定在芦苇荡。"

"放心！"嘎子决定偷偷和英子前去。

那边老钱却听信了石磊，既然刘燕跑了无从对证，石磊又很有可能是真正的特派员,那在任务当头的紧要时刻,不容他怀疑石磊。石磊把时间说早了一天,又借口去县城联络点,把消息传递给斋藤的手下。

这边嘎子跟英子在白洋淀寻刘燕半天,累极了,还是一片茫然。英子想到个办法:"嘎子哥,你去找些吃的给我,我就在这儿,休息会儿。"嘎子出来,走出了芦苇丛,沿着田边小道往前走。

突然他冤家路窄,看见了纯刚。他围着白头巾,穿白褂子,黑色布鞋,背一个简陋的包裹。两人对峙一番之后,嘎子用绳子绑纯刚失败。纯刚气愤愤地说:

"嘎子,你知道我去大队做什么?"

"去套情报给鬼子呀!还能做什么?"

"你说我是汉奸,我看你才是!坏了革命大事!"纯刚气急败坏。

"是,是,是,我就是要坏你的事!"嘎子说着又要上来绑。

"我看你才是汉奸。我是要去区队告发真汉奸呀。"

"谁?"

"告诉你无妨,你跟我一同去也好。是石磊。"

"……"嘎子感到略微的不安,"那天下午,你背了个包袱出去,拿了个箱子回来,是做什么呢?"

"你说哪一天?"

"上次接特派员的前一天。"

"去码头拿底片去了呀。相馆的底片用完了。"

嘎子顿时有一种难言的羞愧之感。好在纯刚表现了年龄上的大度:"哎呀,你一个小孩儿,我不跟你计较了。咱们先去大队跟老钱报告。"

"不行不行,刘燕还在芦苇荡里,我和英子找半天了,人没找到呢。"

"那咱们一块去,三个人总会比较好。"

第五节　一枪打死了胖翻译

纯刚发现了奄奄一息的刘燕,让嘎子和英子留下,自己装没事去了大队。老钱听了他所说的，看了纸条，说让刘燕对证。这时石磊回来了，老钱沉吟下来先让纯刚离开。

嘎子说："你说老钱这次会出什么阴谋诡计。"

英子认真地说："反正最后的最后，鬼子肯定会输。"

刘燕吃着嘎子给她找来的菱角，静静地坐着。风穿过芦苇，吹过他们的肩膀。

区队里人进人出，枪弹等需要准备好。进出的不乏送饭端水、帮忙搬东西的孩子们。革命区的小孩因为贫穷和早早接触了战争，都坚忍而懂事。

老钱身后的地图是花了几个晚上，考虑了许多种情况布置下来的，考虑了很多种方案。石磊很积极，在嘎子等人的眼里是过分积极了点。他一定早已将地图背熟了。

事实上，除了石磊，老钱已经通知了大家。

27日的晚上终于来到。乡亲抬来了钱行的整猪、整羊和酒。老钱喝得豪气冲天，对石磊说："我算是认识到，身边什么样的人是最得力的，咱们干了这碗！"大家眼看着石磊把碗端起来，喝到底朝天时，"啪"碗碎了，石磊额头上出现了一个乌黑乌黑的血洞。

对面的罗金保把枪擦一擦，收回腰带。

"今天的战略部署，是要对白洋淀的鬼子们进行一次彻底的总清算。"老钱严肃地环视一眼大家，"到时候，我们包围鬼子的必经之路，在出城五公里处的急弯，我们可以利用这里的地形，阻断鬼子的后路，刘队，你的人在这里留守，从这里截堵。大部队在鬼不灵出庄的路上，即原来的地点之前一公里的狭窄处展开攻击。石头都准备好了？"黎叔点点头。

"石阵一布下，鬼子必然慌乱，咱们就瓮中捉鳖，杀他个措手不及。纯刚，你带几个小鬼，一个狙击手去城里鬼子司令部，解决那里可能还剩下的几个哨兵，破坏他们通讯。打完这一仗肯定需要整修，咱们的兵力，还抗击不了连续两大波鬼子。"

斋藤亲自率兵上了通往鬼不灵的不归路。龟田在第二辆卡车上，志得意满地望着前方，突然想起了什么，用日语问胖翻译："你们这个'鬼不灵'是什么意思啊？"

"是……"胖翻译一下子哑了口，又转了转眼珠，"大人，是神和鬼都不显灵的意思。"

"哦！"龟田表示恍然大悟。五辆军车，十多辆三轮军摩托，连着上面飘着的、被暮色掩盖了颜色的太阳旗一块走上了乡间公路。

等待他们的，是十多箱手榴弹，几百杆枪，不过先让三辆卡车都中招的，是二十多块凭空而降的大石头。

与此同时，嘎子在县城的司令部，腰里揣了好几把鬼子手枪，几枪打破了电话、电报机。嘎子正要在司令部太师椅上称

大爷,罗金保拉他起来了:

"享受呢?快去监狱里看看!"

是的,还有老钟!他们忍着极为难闻的气味进了监狱,看到都是乡里、镇上误抓进来的人,一一给他们开了门。一直到了一间小屋,罗金保大喊一声"老钟",冲了进去。

老钟,根本辨认不出他是老钟。嘎子想冲过去看,罗金保抬起手让他别过来。

"老钟咬舌自尽了。"

罗金保跪在一个人面前。他血肉模糊,躺在地牢上,脸朝上,嘴张着,仿佛在呼唤什么。嘎子几乎认不出这是老钟。罗金保往老钟身上摸一摸,他身上什么都没有,两人一起把老钟的尸身抬了出去。嘎子抬老钟的腿,走在前边,他听见师傅在后头抽噎。两人一步步走出地牢那肮脏、漆黑仿佛比来时更长的甬道时,仿佛回忆起了老钟的一切——

"这个手枪,虽然是木头的,手感也可好啦,你试试。"嘎子仿佛看到老钟脸上褶子里都是笑,把木头手枪递给自己。胖墩投来标准的羡慕眼神。

"嘎子这孩子,滑头,但是优点多。滑头不一定是坏事,要教他学会做个好人。"嘎子在厨房的门外,偷听到老钟跟自己奶奶说话。

"我自己能走。"送出庄后,老钟看了嘎子一眼,"保重!"

嘎子的眼眶也不觉湿了。

老钟被追认为烈士。村民们走出他的灵堂。嘎子找出那柄木头手枪之后天天带着,他这天也戴了孝站在灵堂外,老钱冲他招手。嘎子就跟了他过去。

鬼不灵的胜利,让嘎子踏踏实实拥有了一把属于自己的真枪。他每每摸到这枪,就会回忆起老钟、奶奶、纹银老爹,那些可敬可爱的人们。

第二章　放牛娃王二小

第一节　为什么会有战争

"柳树泛青花儿香，流水成曲鱼儿跳。夕照谁骑牛背上，龙垒沟村王二小。"柳老师读着王二小歪歪扭扭的字，看到这诗，笑了，在旁边批上：诗情画意，语言清新优美。后两句有几分霸气。二小这孩子，写出的诗已经有点儿诗样儿了。

第二天作业本发下来，王二小看到自己的诗被老师表扬。心里充满了得意。同桌的春华说，二小你的文笔越来越好啦。

二小就把头仰得高高的。你不知道，一年多以前，二小的

作文还是"今天天气很蓝"开头的呢。

一年半之前,放牛娃王二小入学了。他的书包是哥哥的旧衣服缝起来的,边角被密密地纳起来,妈妈想给二小做一件新衣,翻来找去,当年的嫁妆已经当得差不多了。这时候哥哥说,要不我去山里挖点药草,也该做点啥帮补家用了。妈妈坚决不让,说山里危险,还有老虎野猪,不让去。第二天却找不着哥哥影子了。

哥哥回来的时候衣服更破,而且更瘦,手里捏着一点钱。妈妈看到他站在门口背光站着,像个风一吹就倒的纸片人,当时就心疼得掉了泪。二小便偷偷把自己攒下来一个红薯烤了,给哥哥吃。第二天,二小穿着卖药草的钱得的新的褂子去了学校。

开始的时候,二小发现自己不但个子小,而且身上脏脏的,头发好几天不洗油腻腻。他直接伸手拿同桌春华桌子上的文具盒,因为看着很漂亮,结果被春华打了手。二小瞪春华,春华瞪二小。后来春华说,算了,我家里还有一个,那个给你吧。但是我讨厌看到脏指甲、脏头发。二小说,那我回去洗。他们成了好朋友。

教他们的柳老师是边区女干部,二小特别喜欢她用干净的手指在黑板上写字。当时二小只有一只小小铅笔头,本子都没有,柳老师用自己的草稿纸便给他订了一本,同学们很羡慕。

班里同学发现，柳老师"偏爱"像二小这样家里穷，又调皮捣蛋的学生。她经常把二小、二黑、小朗他们叫到自己也很简陋的教师宿舍，跟他们说说话儿，给他们看书。二小第一次从柳老师那里拿到的书是方志敏的《可爱的中国》。这书他一口气看完了。书里的句子让二小觉得很感动。

"到那时，到处都是日新月异的进步，欢歌将代替了悲叹，笑脸将代替了哭脸，富裕将代替了贫穷，健康将代替了疾苦，智慧将代替了愚昧，友爱将代替了仇杀，生之快乐将代替了死之悲哀，明媚的花园，将代替了凄凉的荒地！"二小把这话背下来，一遍又一遍地念。说得多好呀！明媚的花园，充实的感觉丰盈内心。

七月，即将放假的某一天，柳老师突然宣布，今后就没有课了，学校也开不了了，因为日本和中国正式开战，全国人民都应该起来抗日。同学们体会到了"偌大的中国，放不下一张安静书桌"的感觉。

"老师，那你去哪儿呀？"二小问。

"老师扛不动枪，去写文章对抗日本鬼子。"老师说。她温柔地笑，抚摸一下二小的头。

"日本鬼子很可恶吗？"其实二小心中觉得，日本鬼子来了，学校就开不了，的确已经很可恶了。

"当然了，他们发动了战争，入侵了中国。"

"为什么要发动战争？"

"为了占领中国，让中国的财富、资源和百姓都变成他们的。"柳老师说到这儿，语声哽咽。"他们为了自己的私利，带着枪炮、病毒来到这儿，占领城市和乡村。凡是他们经过的地方，一切财产都被掠夺，他们抢走我们所有的东西，抢不动的烧，东西也烧，人也烧……拿人做病毒试验，强奸女人，挑破孕妇的肚子……"柳老师摇摇头，"我的家人都被杀了，我只能以我自己的方式鼓舞其他人来和他们对抗，救这个中国。"

二小听其他同学说过，柳老师的爸爸妈妈在东三省，已经被日本鬼子杀害。那个富饶的地方，也因为战争，变得不成样子了。

为什么要有"战争"这种奇怪的东西？因为你得不到，别人不给你，便只能抢。这是王二小悟出的道理。我以后得不到想要的东西，一定靠自己努力得到。他暗下决心。

柳老师送给他一本巴别尔的《红色骑兵军》，说这书写得很美，二小现在看不懂，以后慢慢看。二小似懂非懂地点头，在火车站和柳老师告了别。

后来有一天，二小买了份《晋察冀日报》，看到了"禾雨"这个笔名。那是老师草稿纸上看到过的名字。二小才知道，老师去了《晋察冀日报》，便经常在报亭找这份报纸来看。柳老师的文字，一直鼓舞着二小。

在二小的心目中，柳老师是个女英雄。他哪会想到呢，自己有朝一日也能成为英雄。

第二节　我是快乐的放牛娃

二小的家庭，和谐又温馨。爸爸妈妈识字不多，但勤奋，懂得一些道理，而且从不怨天尤人。"自己的事情自己做"是妈妈从小教二小的。"今日事今日毕"也是爸爸常说的。每次家里碰到了难事，爸爸妈妈总是能不说就不说，小时候，二小总是很懂事地问妈妈："妈妈为什么要绣东西到这么晚？"妈妈说你快睡吧。二小就伸出手去，把豆油灯的灯芯拨高一点，妈妈好看得清楚些。

他不知道，自己一转头睡着了，妈妈为了省那几粒油星儿，又把灯拨暗了。

慢慢地，二小就明白，家里穷，爸爸妈妈所做的一切都是为了多挣几个钱把债还上。在二小明白之后没多久他就需要帮家里放牛了，早上天蒙蒙亮就起来，洗把冷水脸，给鸡喂喂食，父母早出门下地忙活了，做了饭留在灶上。二小就跟着哥哥，把牛赶出家门，去河边饮牛喂牛。

中午，哥哥打开带来的荷叶包着的饭团，"二小，都给你。"二小犹豫着问哥哥，"你吃啥呀？""我有方法。"

饭团冷掉了，可是一个上午走了许多路的二小觉得饭团真是香极了，大嚼了起来。哥哥从树丛中折几条树枝，捧一堆枯叶，燃作堆篝火。二小爬过去正要问哥哥怎么回事，发现他爬上了旁边一棵树。

树上有个鸟窝。哥哥几下子蹿上树，摸了鸟蛋又下来。这天中午，二小吃上了热乎乎的煎蛋。

"平时你晚上回来有时候也说不饿，原来是真不饿呀。"二小吃得心满意足，抹抹嘴说。

"那当然。"哥哥朝他做个鬼脸。"平时我……"突然他朝一个方向看去，眼睛都直了。

"怎么了？"二小也转过头去。

"那有只野兔。"哥哥放下东西，就像只猎狗一样窜出去。

这是二小印象最深刻的一次"打猎"。他跟在哥哥身后，在树林里上蹿下跳，越过密密的树枝和灌木，怀着满心的奇妙的兴奋去追一个比他们快得多，但耐力显然不足的敌人。最终，他们找到了一丛灌木掩映下的兔窝，哥哥伸手进去，提着那家伙的长耳朵出来。呵，好一只又肥又大的野兔。

几年后，二小与家人失散，他在给大户人家们放完牛，无事可干的那些独自一人度过的晚上，会想起哥哥在眼前奔跑的情景。

村里每天都有灵通的人把消息带来：日本人攻下了上海和

长江地区，攻占了武汉，国民党军队死伤数十万……这些地方的人民和官兵一心，与日本兵进行殊死搏斗，每天都有许多人在子弹下牺牲。然而，国土还是一寸寸沦陷，1941年的地图上，中国的东部已经插满了太阳旗。厦门，上海，北京……一个个美丽的城市碾压在日本人的车轮下。1939年，暴雨成灾，庄稼颗粒无收，二小和家人坐上牛车，逃离了家乡。二小留恋的目光被勾得老长，一直望着那生他、养他的龙衮沟村。

　　逃离的路上，一天黑夜下着雨，饿极了的二小在哥哥怀里休息，突然前面的人群队伍停住了，开始四周只是小声议论"是不是有了什么动静？""白军？赤匪？"，后来声音慢慢大且嘈杂了起来，人群开始四散逃跑。"鬼子！日本兵来了！"爸爸妈妈让哥哥带着二小，自己拿上包袱，牛车和牛都不要了，往森林里跑。

　　哥哥背不动二小，牵着他跑。"砰！砰！"二小听到了枪声。他心中"突突突"在跳，腿上虽没了力气，但凭着本能在往前迈。突然，一片漆黑的森林里，闯入了许多人的脚步声，二小在伸手不见五指的黑夜里，不知道自己在跑向哪边，听到的哥哥的、自己的脚步踏在叶子上的沙沙声被许多人的声音打乱，这声音夹杂着人说话声，他有些怔着了，突然哥哥停下来，喘息着说：

　　"咱爸咱妈丢了。"

　　许多人从他们身边跑过。二小被抱到一块石头上。

"按我教你的方法，生一堆火，等我找了他们回来。"哥哥说，"别慌！"

二小记住了哥哥的话，尤其是"别慌！"当时哥哥可能已经慌了，但却保持镇定，用坚定的声音告诉他，不能慌。二小心里摸不着底，但是有了哥哥这句话，知道我不能乱，我要等哥哥带了爸爸妈妈回来。他就不慌，留在石头上。

哥哥松了手，却再也没回来。二小从周围搜罗了枯枝树叶，钻木取火，让它们燃作一堆温暖的光亮，让光亮一直等来田边的阳光。树林里一片狼藉，日本人明显已经过去。二小走出森林，看到男人的、女人的尸体，自家牛车还在，陪伴自己多年的老牛却一无所踪。二小想从车前找到一个证明老牛存在过的牛蹄印，都被纷乱的脚印盖得乱七八糟。最终，他从牛车上找到一张破毯子，卷起来带走了。

第三节　狼牙口村

一个小村庄静静地落在山脚下，绿油油的麦田好似一幅幅连绵不绝的油画。远远望过去，目光翻过山，便是敌占区的村庄，看起来也没多大区别，但是村子的诸多房屋里原来的主人已经被赶走或者只剩下了尸骨，他们的牛羊，成群的鸡鸭，成了"皇军"的口粮。

让我们目光重新拉回来，看到的是村口的山洞，洞里一排排尖尖的石头，好似狼嘴里利牙。村民平时都善良淳朴，与世无争，但羊群一旦被激怒，就会如狼一般彪悍凶狠，当他们用利牙反击时，敌人也将受到重创。

这，就是狼牙口村。二小站在村口，身上唯一的行李是一捆破毯子。一路上，他饿了摘野果、掏鸟窝，困了找一处山洞用毯子裹着将就一夜，渴了便喝雨水。他已经饿得瘦伶伶，没有力气再往前走。二小觉得自己快晕倒了，用最后的力气看了一眼这村庄，它看起来宁静、美丽而丰饶。这会是他的新家吗？

狼牙口村农会主任高林山开完农会，已经夜深。他深一脚浅一脚往家里赶。边走边想着：夏季新一轮病虫害要来了，要进城里买农药，要告诉村委会：一定要谨慎使用……农药谁愿意用？只是不得已罢了。气味真难闻……敌敌畏杀死了多少青蛙呢。孩子们早该上学了，可怜的，村里老师们都去给抗战报纸写文章了……儿童团又在招人……按这频率,村里全部孩子都成儿童团成员了……咦?这是什么?

高林山踢到了一个东西,俯下身去摸一摸:一个孩子!

小敏在家织着线衣等丈夫回来。门吱呀一声,她放下线衣出去,发现丈夫肩上扛着一个小男孩过来。"饥荒时候走散的吧。"他说。小敏没犹豫,去厨房烧了开水,热了浓浓的姜汤茶,端一碗上来,给小男孩一口一口喂下。

王二小慢慢醒过来。看见这两位好心人,他们看起来都很和善地冲他微笑着,二小觉得好亲切。"你现在还好吧?"端茶给自己喝的阿姨问。二小点点头。他们抱他在松松软软稻草铺就的软和床上躺下。让二小把茶喝完。他沉沉而放心地坠入了梦乡。

早上醒来,这一切仿佛跟家里一样——乡间的堂屋,屋顶的梁柱,明亮的小窗户,远处依稀传来的鸡鸣狗吠。二小起床时,心中充满期待。小敏看到他起来了,温和地笑笑。小敏在屋前屋后地忙活,二小便上去帮忙;她问二小多大了,家哪儿的,几口人,怎么就流落到这里了?二小一一告诉了她。小敏觉得这个孩子,可爱又可怜,自己膝下无子,就希望二小能做自己的儿子;二小觉得这个阿姨眼睛亮亮的,笑起来可亲切可好看了,对自己又十分好;他想留在这儿但是又不知道会不会添麻烦。中午,喝着南瓜稀饭的时候,二小一边想:我还是悄悄走了吧；一边又希望阿姨能开口，说他可以留下帮忙干活儿。小敏也想着等林山回来了再商量这件事，也没开口。可怜二小内心煎熬，饭也吃得闷闷。吃完了帮着阿姨洗碗，打扫鸡舍，他们有一搭没一搭聊着。

直到晚上高林山回来，大手一挥说，孩子你就留下吧，小敏和二小才都松一口气。二小不愿意白白留下，问高林山这个村里有什么活儿他可以干。

"你会不会放牛？"高林山沉吟许久，问道。

"当然！"二小喜极过望，他的老本行可不是嘛。

村里有六七户大户人家，养了几头牛都需要多的人手来放，可是孩子们加入儿童团都去练刀枪去了，他们正愁找不到帮手。

二小便开始去给李、王、谢家放牛，又接触到熟悉的牛儿们了，他很充实，虽然不是自己家里的那头。早晨薄雾里，牵着牛走过嫩绿的田野，牛角弯弯，看远处农人在自家田里忙活着。在河边让张家牛儿吃饱喝足，便牵着它回来，中午，又拉着刘家的牛儿走过河边一排排垂柳。在河堤上歇息，掏出兜里小敏阿姨给做的香喷喷的葱烙饼来吃，他每天都很充实。

直到有一天，二小牵牛路过河堤，看见几个小孩儿，在路边一排排，挥舞着红缨枪，精神抖擞目光雪亮，有一种所做的事情无比重要的认真劲儿，让二小很羡慕。

回去一问高林山，他嚼着泡菜说："是儿童团在训练。"

"我也要加入儿童团！"

"……你要放牛。"高林山说。他真正的想法是等鬼子打过来了，参加了儿童团的孩子们，一个都逃不掉，因为儿童团成员也算八路军，到时候唯一的后果可能就只有白白挨枪子儿。他对二小有一种如对自己孩子般的喜爱，怕他受牵连。小敏却不作声。八路军的党支部书记来每家每户都宣传过了，人人都要加入儿童团。作为农林主任，高林山要是不积极做表率，是不像话的；而且二小进了儿童团也能找到同龄小朋友，学一学刀枪，为八路军站岗放哨，做点事也是好的。日本兵如果真来，谁都有危险，不管他是不是八路！

小敏对着闷头扒饭的二小说："那你就去吧。"

二小欢呼雀跃。

夫妻俩交换一下眼神。他们各有想法，对二小前途有一些担心。高林山想着把二小送到后方去让他接受教育；小敏则希望他留在这儿，加入儿童团做他喜欢的事情，同时陪着自己。面对二小的欢呼雀跃，他们倒是陷入了沉默。

这对无子的夫妻，倒真是把二小当作自己的孩子对待了。

高林山帮他放牛的活儿推了，同时问了村里的大户人家，眼看日本鬼子快要打过来，他们怎么办。大户人家们纷纷表示，钱是要捐给前线的，人是要躲到后方去的。好几户人家都要去重庆、桂林。高林山陷入了沉思。自己举家搬迁也不是不可能，虽然他安土重迁的观念很重；二小这孩子，当然跟他们走，虽然他可能目前对儿童团更感兴趣；搬去后方，虽然要放弃很多，但至少家人的性命能够保全。高林山想了好几个晚上，决定搬走。

那个时代，许多人为了自己的安危都会搬去敌后，虽然知道，去了生活会成问题，但是在逃难面前，保命比什么都重要；一部分文艺青年则决定去延安，在他们眼里，延安是个很开化的地方，是理想的圣地，那儿能包容他们的种种思想。虽然这两种人的想法都有些不切实际，但是这决定了他们的行为：逃离即将被日本兵侵吞的东部国土。

孩子所想完全不是这些。日本鬼子？那不是跟蚂蚱一样吗？来一个打一个，来十个杀十个！故事里的红军叔叔都好勇敢，面对日本鬼子的进攻，手榴弹一个扔出去，杀死鬼子一个连。二小想到加入八路军可以杀日本鬼子，就眼神儿亮亮头脑发热，兴奋到睡不着觉。

没真正经历过战争的人，脑袋里只有刺激的英雄故事，却不知道现实中日本兵都是很厉害的，武器比我们的先进很多，受的训练也十分严苛，供给又足，不然为什么在那么多有血性的英雄们的殊死抵抗之下，还能一寸寸占领中国国土呢？日本兵的机关枪，更不可能是儿童团练练红缨枪能抵抗得了的。然而二小凭着小孩子的乐观，认为只要儿童团齐心协力，八路军叔叔们发挥他们的神勇，就一定能击退日本兵。他的信心，又是大人们所不能理解的。

高林山去收拾了细软，到镇上把值钱的东西换成法币，回来缝在一件衣服里。小敏放手让他去做这些。小敏虽然父母早亡，家乡就在狼牙口，她不愿离开，但深爱丈夫的她也希望两人能去一个相对安全的地方，平静地过日子。现在，她一方面希望二小也跟着走，一方面不想浇了二小的冷水。二小浑然不觉他们的苦衷与矛盾心理，沉浸在成为大英雄上阵杀敌的梦想中。

高林山指导二小写了一封申请书，帮他改了几个字，拿去交给儿童团党委书记。书记说："这娃儿，觉悟高，根红苗正！不写申请书我都把他挖过来！"二小便这样去了儿童团。

团长雷童个儿到他耳朵，往他面前一站，腰板挺得直直的，拍一拍二小肩膀："革命的队伍欢迎你，王二小同志！"

雷童腰里一根旧皮带让二小觉得可有范儿了，当晚回去找高林山要了一根。雷童左手拿着木棍，领着二小巡视了儿童团白头巾英姿飒爽的团员们，一边给二小介绍儿童团的规则、任务，二小听说他们是站岗放哨，带信儿，就问：

"为啥不是打鬼子呢？我们到时候也算是八路军了呀。"

"咱们的真枪、子弹不够。"雷童实事求是地说，"就算知道红缨枪怎么使了，威力也没有鬼子的刺刀大。这边的八路军都只是偷袭鬼子，破坏他们通信设施，很少发生正面冲突。"

那也太没意思了，二小想。他的表情被雷童敏锐地发现了。

"咱们有多大力，使多大劲。我们现在能做的是帮八路军把信送一送，敌人来了提醒大家快躲。尽力了不就好了吗？"

也是！二小点点头。从此就和儿童团的小伙伴们一起站岗放哨。

高林山和小敏看到二小每天精神头十足地出去，气宇轩昂地回来，都感到高兴，怕他累着给他加餐。有一天，小敏把煎蛋夹给二小，他头也不抬，一个劲儿猛吃。夫妻俩突然想到什么，对了一下眼神：如果搬去后方，二小离开他喜欢的儿童团，他会高兴吗？

这天下午高林山走在路上，被党支书拦下，支书喜滋滋地说："林山，你不知道，二小这孩子，还真有点儿领导潜质！"林山停下了听他说。支书把这三天二小的英雄举止一说，高林山拍手又拍腿："这孩子，难为他怎么想到的！"

支书告诉高林山的是这样一件事情。村里骑兵连去下壶关，打算偷袭鬼子，切断他们的供给。原计划是三天完成任务，谁知鬼子改变计划，绕过下壶关从更远的景坪村运粮。如果率兵赶到景坪村，需要多备三天粮草，然而村中的囤货已然有限。谁知二小当天翻山越岭，竟然找到一处草场，号召儿童团成员们花了一下午时间，大挥镰刀大出一回汗，把一捆捆草料送上牛车上运到下壶关。军马的草粮就这样解决了。支书告诉高林山，二小指挥小伙伴的魄力是他近几年所见到的最好的。"这孩子，"他一连声赞叹，"小小年纪，如此才能，这孩子……"

高林山和他敷衍几句，回家去看二小。他正趴在床上，小敏给他打着扇子。

"喝了两碗糖水，我让他歇歇气。"小敏说，"你得听听二小的英雄事迹呀！"

"算啥呀小敏阿姨。"二小不好意思，却无法掩饰笑容，露出一排大白牙。

"我听过了。"高林山在座位边坐下，"二小，跟你商量个事儿。"

小敏一惊，扇子掉了。"怎么是现在！"

"什么事情？"二小顿时惊慌，"我哪里做得不好了？我没想过抢雷童的风头，真的没有！我向他道过歉了，他还在生气吗？"

高林山一愣，随即升起一种复杂的感情。他换了口吻对二小说：

"别急别急，我倒是不知道雷童的事。如果一件事你做对了，他要是觉得你抢风头，就让他觉得好了。我要说的是另一件事。"

"雷童的事,大家都说是他不对,但是我很伤心,觉得还是有我的责任。"二小看起来有点低落,"本来他是儿童团团长,带领大家的事情应该是他做。他当时说我找的草场杂草很多,一点都不好,让大家别去。我保证了去看过草很好,才……"他摇摇头。

"二小,你做得很对。"小敏轻声细语地说。

"这件事我问问支书,如果是你做对了,雷童嫉妒,那我要他向你道歉。"高林山说,冲着他缓缓又坚定地点头。

"别别别……"二小摆手。他真觉得自己好像抢了雷童的功劳。

"那好,二小。你能保密吗?"高林山郑重地说。

"保密?"二小睁大了眼。保密?高叔叔有什么秘密?

"你必须保密。"高林山叹口气。

"那,好。我保密。我发誓。"

"咱们要搬走。"

"搬走?搬去哪儿?为什么好好的要搬走?"二小惊得叫起来。高林山顿时头皮一麻。这孩子一惊一乍,怕是藏不住话。

"我们,恐怕是要搬走了。你,别把这话告诉任何人。"高林山看着二小,一字一顿地说。

"是因为鬼子快来了吗?"二小想一想说。"但是……"

"你听仔细了。咱们要一路南下,经长沙,过贵阳,到桂

林去。日本军队要打到那里，至少需要一年。你如果把这个消息告诉任何一个人，我们就可能走不成。"

"可是，我们不应该留在前线杀敌人吗？"二小嗫嚅着说，脸色有些低沉，"我是儿童团员，而且昨天伙伴们都说，雷童比不过我，应该是我来当儿童团团长。我在这儿能做很多事情。也许，能够上前线，去杀几个鬼子呢。"

"狼牙口村之所以安全，是因为这里易守难攻，你没看见隔了两座山的高庄，就已经成了日本人枪炮底下一堆废墟吗？高庄的男人留下来的全做了苦力，其他的都死得很惨啊。国民党的军队死了两个连也没有把他们堵在城外，八路军为了保存实力留下一个排在村里，结果在敌人的炮火下全部都牺牲了。

"我们唯一庆幸的只是这狼牙口到高庄的两座山，地形险恶，道小崖深，鬼子的枪炮过不来，才侥幸生存。等鬼子真的哪天打过这边村来，这边的八路军连队、骑兵队、民兵队，就会有一场恶战要打。

"那时候儿童团会充当后援，但是枪弹拼不过鬼子的话就得肉搏，全村无论男女老少，大家都要决一死战……"

"那就不让日本鬼子进村！"二小斩钉截铁地说，"高叔叔，我知道，您的说法很有道理。如果你们要走，我绝不跟别人提起，更不可能说你们什么。但是国家兴亡，匹夫有责。我希望能跟你们走，留下来也做不了什么。但是，"他咽一口唾沫，"但是我现在已经加入了儿童团，是一名小八路了，我有责任保护乡亲们的安全。你们走吧。"

小敏握着二小的手，因为割草生出的血泡还没有全好，二小难过地回握她温暖的大手。小敏的眼神仿佛在说："孩子，我真心希望你能跟我们一起走。"二小的表情仿佛在答："我也想，可是如果能帮助狼牙口村抵抗日本鬼子，我愿意留下。"

夜色中，高林山背着行李，穿着缝了钞票的旧褂子，和小敏一起走了。二小一直让他们拿着火把，说带他们走。两人都没说话，没接火把。二小在后面挥手送他们，小敏头一次也没有回。

走回家中，二小发现他们留下了一袋儿芝麻、一袋子花生，厨房里用油纸包着还散着热气的葱花儿饼。二小知道,逃到后方还是留在前线,这样的选择谁都得做,但是我是一个儿童团成员呀,是一名小八路。战争来了我就是战士,要保卫这个村子的战士。二小目光又流连在那块葱花饼上,心想:以后就真的是一个人了啊。

第二天,他起来,闻到一股柴火味。

想也没有想,鞋也不穿赶紧冲过去——厨房肯定是失火了!

谁知厨房里,小敏执着锅铲冲他笑。

"小敏阿姨……你,你们不是……"

"我们走了,谁给你做饭啊是不是。"小敏把炸好的鱼放到盘里,"昨天的事,谁也别说啊。我们也不再提了。"

她冲屋里喊一声,"还是自己的家乡好啊,是不是老高?"

"是!"高林山在里屋回应。

真是太好了!二小一蹦三尺高。同时也坚定了这个信心:为了小敏阿姨和高叔叔,为了村里可爱的人们,不能让日本鬼子进村!

第四节　鬼子来了

"我们是儿童团员,

我们为抗日站岗。

手握着红缨枪呀,

哪怕那个风雨狂。

你要想过路吗?

请你拿出路条!"

儿童团成员们训练完毕,走马上任驻守各个山口。二小和雷童精神抖擞,赶着牛儿上山,装成悠闲轻松的放牛娃,为八路军看好各个路口。

高林山联合了村里数十口人家,在家里支起了大炉子,一个一个地烙饼子,好让他们行军做干粮。八路军叔叔伯伯们仔细地打好绑腿,穿上村里姑姑婶婶们纳得密密实实的布鞋,擦亮他们的枪。他们就要出下壶关,去南边村落截鬼子的运粮,割断他们的电线，烧毁他们的发报机，打一场后方的偷袭战。

这一去就是半个月。赵连长找到二小和雷童，让他们合作带领儿童团员再为八路军队伍割了一次草后，叮嘱道：

"不准让日本鬼子进村。一定，带他们绕弯，放出信号，我们在下壶关附近留下的后续部队是黄连长带领的，告诉小同志们，如有消息，一定让最近的同伴知道，把消息带给黄连长。"

黄连长给小同志们上过军事课，结合他所带的队伍打过的偷袭战、伏击战、巷战——分析，听起来残酷，但是刺激。二小听得可专心，还萌生了一个更大的念头：当抗日战场上的将军。雷童也是如此想。在草场事件后，二小找他单独聊了天，两个人互相说了苦恼和各种想法，雷童体会到了二小的难处和自己的蛮横。最后二小说：

"反正咱们目的都一样，把日本鬼子赶出中国，是不是？"

"是！"雷童很赞成。他先前那样做，确实是只考虑怎么让自己当头头，太小气啦。

他们一起安排了每个人的站岗位置，约定了唱山歌为信号，让每一个人遇到敌情时候，通过特定的歌儿提醒另一侧的同伴。另一侧小伙伴要赶在没暴露之前，把消息带出去给后续部队。

"你说，雷童和二小谁会当咱们团长？"金果子问放羊的二牛和三牛。

"不知道,二小吧?"二牛说。三牛顶了他一下。"乱说啥呀,谁当都一样。"

"二小好能干啊。"金果子感叹了一句。他希望二小能当团长,带着大家一起干。雷童有能力,但热情不高。

"是啊,"二牛说,"他点子多,又积极呢。"

"雷童也很好。但是谁当团长都是带领大家革命去,我们别议论了。"三牛说,他有点怕这样议论不好。

可是小伙伴们之间的"风声"已经揭示了"民心所向",二小若是发展顺利,恐怕过两年就有希望入党。他们把这件事看得无比光荣。

二小那边和雷童、起扬一块走着,却在商量他们觉得更重要的事儿。

"打地雷战,到底好不好?"二小说。这是他从小说上看来的东西。

"不好,"起扬赶着羊回答,"我爸爸以前带过的队伍在村里埋下地雷,炸死的鬼子没几个,村里人家倒是伤着了。每天晚上、白天都要去看地雷埋得怎么样,下过雨地雷就可能有问题,牛和羊也不能走埋地雷的地儿。"

"那为什么书里还要说地雷战好?"雷童疑惑。二小也点点头。他们最近看了一些军事故事,产生了疑问。

"因为作者什么也不懂。"起扬说。"国外回来的军事专家写的正规的东西都是机密,只有共产党的高级指挥官们先看。正在打仗的哪里有时间写这些小说,都是一些又闲又想要挣稿酬的作者,对战争什么都不懂,写一写热血的战争小说英雄小说来给你们看。这些东西看看就行了,热血你们有。"爸爸是八路军指挥官的起扬说话略带干部气息。

二小和雷童醍醐灌顶,从此不看各种奇奇怪怪的革命小说。再说,他们现在做的就是革命。几个孩子继续走,在下一个山口分了头。

两天前,日军司令部。

"这个人,真是狼牙口村的?"佐佐木双手撑在桌子上,目光冷峻地问道。

"是,太君!"一个穿洋绸衫,玄云褂,举止潇洒的中国人用日语答,"他是良民,很配合,他会给我们介绍狼牙口村一切他知道的情况,毕竟,他在那里生活了三十多年。"

想了一想,他又补充道:"我已经答应他,不伤害他家人。"

"他家里多少人?"佐佐木和颜悦色。

"包括他家一个六岁的男孩子,五口人。"

"你告诉他,我们需要他这样的人才。请他不要嫌麻烦,介绍一切情况。他家的小孩,我可以认作干儿子。他的家人,通通搬来司令部,要以礼相待。"佐佐木招招手,旁边卫兵出去。那站在洋绸衫旁边抖得跟筛糠似的村民看见卫兵突然出门,冷汗大冒，头巾差点掉下来。他一再安慰自己：日本人只是想要情报，我给他们情报，家人就能安全，就能安全……洋绸衫翻译慢条斯理，把太君的话转给他听。他心中立马放下一块大石，双膝扑通一跪：

"太君，您真是我们的救命恩人！"

心中已决定把一切知道的都告诉日本人。

如果高林山知道这就是曾帮过他们渡过饥荒难关的李伯，一定会气到吐血。但他完全不知道，上午路过李家看见李伯出门，还热情地邀他家里坐坐。

这边李伯已经受宠若惊接过佐佐木亲手递给他的茶，感激地喝了一口，接过了笔，在地图上画上一条条罪恶的路线……

牛鞭往衣带中一插，二小在山口站定，拿出《红色骑兵军》。站岗需要高度集中精力呢，他哪能看书？他只是摸一摸这

封皮，仿佛能获得一点儿力量。一会儿，二小牵着牛四处走走，不敢走得太远，太阳要下山了，从包袱里摸出干粮来吃。坐在石头上歇息一会儿，虽说眼神从没放弃警惕四周，在山风里感受一下舒爽与清凉，也让二小十分舒适。

突然，西边有了异样。二小回头，定定地望着村西那棵信号树。

二小的脑海里突然空白。信号树，倒了。

二小只有简单的逻辑：信号树，八路军才能伐倒，故倒了说明八路军后续部队，就在山里。而且黄连长交代过：如果村中有危险他们又及时回来，一定组织伏击圈，打一场八路军最擅长的伏击战；故说明伏击战已经准备好——但更危险地还是说明：鬼子来了。

没见过鬼子，只是听说，儿童团的成员，只有少数从外地迁回的八路军家属，见过真正的鬼子，比如起扬。其他人把鬼子当作故事来听，当作想象的敌人在脑海中杀死过千回百回。可是当黄色九八式军服的日本兵走在山路上时，二小一时竟然没能反应过来。

首先他把《红色骑兵军》放在了石头底下，搜身搜出来就麻烦了。

然后，他三下五除二又吃了一块干粮，一会儿跟鬼子斗智斗勇需要能量。

接下来他要做的，是唱山歌，把消息传递……不对，八路军已经知道了，那么，只要把鬼子带到村西靠近出口的伏击圈即可。

二小，你可以的！他深吸一口气。

"喂！那个——小——孩儿！"一个穿绸衫高高个儿长得像竹竿的人冲他喊。二小站定后，装作很惊讶般地回了头。穿绸衫的竹竿旁边有一个人影，是那么的熟悉，熟悉得让二小头晕。

李伯……

看到二小，李伯心里没一点疑虑。根正苗红，积极性高，热爱革命的二小，肯定会主动要求守鬼子最可能出现的路口。他做好了心理准备。二小这是撞在了日本人的枪口上。而自己既然已经做出选择，就不要再为他考虑，只要带好路，就行了。

然而佐佐木让中队长高崎跟着绸衫翻译，站在前边喊话，让二小过来。二小牵起牛绳，假装怯怯地走过去。

到了跟前，他目光笔直，望着李伯。

翻译对他表达了皇军要找八路军的想法。二小听的时候，一直看着李伯，讲完了，把目光收回来。

过了好一会儿，他说："八路军在村西，你们可以在那里找到他们的伤员。"又看一眼李伯。

"怎么跟你说的不太一样？"翻译严厉地问，又翻译给佐佐木。

　　李伯看到信号树倒了，知道八路军已经知道日本军队来到，一场恶战眼看难免，然而他心无所动；看见二小过来，心想二小定要牺牲，他心无所动；二小牢牢看定他时，佐佐木心中有些生疑，却不知道李伯心里起了翻腾。李伯性子平庸，平日做事大多需要别人帮他下决心，此刻，善良而懦弱的李伯在二小的眼神面前退缩了。他眼前浮腾起了他的邻居、村民们，面有菜色扛了半袋米来他们家的高林山，端了鸡汤给妻子的段奶奶，还有，他想起了小儿子望着村里儿童团训练的羡慕眼神，以及自己不让他出去时，儿子深深的失望。

　　"我知道村西是有八路军的伤员，我这几天没回来，以为他们跟着后续部队都出下庄疗养去了。"

　　"把他俩绑一块，往村西走。"

　　二小选的路，绕着村子通村西，李伯手被绑着，一路沉默不说话。高崎发现一路走的都是窄路，勒住了马头，朝前开了几枪。

　　枪子从二小肩上，从他耳旁飞过。二小清清楚楚看到真正的子弹打出去，也不由自主开始抖着了。

　　"这两人，怕都是共匪那边的奸细。"高崎对佐佐木说。

　　绳子绑着的两人听不懂日语，却明白自己性命堪忧，李伯也开始抖了，一副要流泪的表情。佐佐木对经验丰富的翻译耳语了几句。穿绸衫的竹竿来到二小身边：

"小孩子，我猜你是个——小八路，对不对？"

二小一副吓呆了的表情连连摇头。这表情一定能为自己加分。腿又不抖了，二小赶快让腿抖起来。

"村里有你的什么人？"

"有……有我的爸爸妈妈。"二小想到的是他的高叔叔和小敏阿姨。语声哽咽起来。

"好啦好啦，不要哭啦。来，皇军给你的糖。"翻译和颜悦色，把一颗漂亮的日本糖果放进二小小褂儿口袋，"来，跟叔叔说说，村里怎么回事呀？"

"是……是这样的。八路军因为……要出村打仗，把村民搬走，因为怕……怕鬼子来扫荡……"

"啊，是这样！"翻译点点头，似有所悟，"然后呢？"

"然后……村里是空的了。"二小在紧急时候，真能想起黄连长教自己一整番话来。

一个星期前，旧庙改造的教室。

"大家既是儿童团成员，又是未来的共产党员。你们肩上的任务和责任，比普通团员更重，更远。你们要做到高瞻远瞩，为了成全大局，而做出必要的牺牲。"

黄连长兼任一伙孩子的党课老师、军事老师，在讲台上掷地有声地说。

他拿出地图给大家看。"看这熟悉的地形、高度,大家就明白了,这是狼牙口村的平面图,经过这条路,可以到村西;经过山岭,绕村外的这条路,也可以到。而从这两条路,都可以把鬼子引入我们的埋伏圈。下面,我来为大家讲解把鬼子带入埋伏圈的要领。二小,你来假扮一个小心慎重,手握兵权的日本军官⋯⋯"

二小执着马鞭驱着想象中骏马,边走边说:"嗯,这个村子,不错的,不错的!八路军的搜,一个都不能留!"

"花姑娘,衣服的脱!"下面的同学起哄。

"你是日本军官,受过二十多年武士道教育,你性格沉稳谨慎,精细小心。这时你要去一个陌生的村庄,却不想在山里迷路⋯⋯"

"那,我要找一个带路的。"二小放慢"缰绳","你你你!"点着雷童,"你是,这个村里的小娃娃?"

⋯⋯

表演结束,黄连长总结了几点。二小最为深刻的就是:对待敌人,撒谎和讲真话一样重要,都是为了目的服务。他的思绪,突然如从水里拔起一道闪光,回到了眼前。

"有五六个人,在上次抢粮的时候受了腿伤和内伤,这几天都有八路去看他们。伤员里有一个右脸颊有两条刀疤的,是个团长。其他轻伤的、重伤但是能扛得动的,所有村民都出村了。村里说是埋了地雷,不让回去,不然俺早回去啦。"

佐佐木不能确定他说的真假。二小絮絮叨叨地继续说:

"太君,我对八路没有好想法,他们,又吃又拿,还抢女人!今天把所有村民移到村外,说是埋地雷防你们来,其实是想要俺们的牛……"

李伯一直不作声。绸衫翻译凑在佐佐木、高崎旁边忙着翻译。二小边说,边捏把汗。最后他又强调"村西有个团长,可以问他,他知道八路军在哪里"。话毕,佐佐木下了令,把二小松了绑。二小暗暗吃了一惊,回头看了一眼李伯。他木然的表情好像在传达给二小:"按你说的吧。"

正在二小转回目光之际,一声枪响。李伯的头颅像开了花。他只是低着头接着走山路,表示自己听懂了皇军的杀鸡儆猴。

整个日军队伍在路上庄严前进。山高路险,佐佐木的坐骑间或嘶鸣两三声,在山里传来空阔回音。如果闭着眼睛,你会感到哒哒马蹄声,日本军人们刺刀、皮靴的摩擦声。闭着眼睛,你听到一支孔武有力的胜利之师。

然而当你睁开眼,会惊喜地发现,二小已经将大部分鬼子中队带入了伏击圈。

村中的村民已经全部撤走。远远地传来一两声狗吠,只是为了缓解村中不同寻常的寂静。二小带着鬼子整个队伍往西走了走。

"八路军在哪里？"佐佐木问。绸裥翻译给二小。

"那儿。"二小伸手指拐弯处的一处房屋。

屋顶霉透了，大门口一丝人影儿也无。

二小听到了一声枪响。

第五节 放牛娃王二小故事出版

雷童的儿子在他膝上听完了当年王二小的整个故事，看着爸爸留下的眼泪，激动地捏紧了小拳头："爸爸，我也要当英雄！"

"说什么呢，好好吃你的饭。"雷童慈爱地给孩子喂了一口鸡蛋羹。

《放牛娃王二小》的精装本，静静地躺在雷童家书柜里，他从来不看。封面上油画般的大红大绿，塑造出一个画家心目中的"少年小英雄"形象，那不是王二小。

真正的二小呢，他是肌肉紧实，看起来结实，现在想来是个站在地上，自己需要在遥远的高空俯视的黑黑实实的小男孩，他仰头朝着天空，一笑露出米粒般紧密齐整的牙齿。雷童记忆中的二小是轻飘飘掉到地上的，躺倒在一片血泊里；随后，他就羽毛一般，升腾到空中来。

二小当时倒在血泊中时，山上的雷童、起扬十分想冲下去，被人扯住。鬼子进入这块看似开阔实则无路可走的村口后，他们后方的道路被山上倾泻而下的石块堵住，天上下起壮烈缤纷的、手榴弹的雨来。佐佐木的马受惊飞奔，高崎率领侥幸存活的士兵冲上来，伺机突围。

黄连长这时大吼一声："同志们跟我上啊！"顿时"杀"声响遍四野，八路军战士群起而奔，山上起了一层层黄色尘烟。在人数的优势和士兵们的气势上，日本兵大多输掉了斗志。黄连长带领的士兵们与鬼子拼刺刀，连杀了五人。

这次，鬼子整个中队几乎命丧狼石口。缴获了一批枪支后，惨不忍睹的战场，几乎分不清每一个人，每一具尸。大家只记得二小被杀的时候，旁边有一块大石头。在无数手榴弹的轰炸下，其他石头大都炸成碎片，这一块却得到保全。

沾满血的大石头被搬到祠堂的侧室，前面放着一个盘子，放上了二小最爱吃的葱花儿饼。

这一天下午，高林山和小敏正在剥苞米，进来了一个女人，两个男人。高林山一看他们衣着素净，厚厚酒瓶底眼镜，知道是知识分子，忙请入座，倒茶。

女人介绍说他们是《晋察冀日报》记者，知道村里有一名引敌入瓮的小八路，他们慕名来采集他的英雄故事。男人之一是一名漫画家，他听说了有这个小八路后，要给这名小英雄和雨来等人一起，画出漫画，让他们的形象留在孩子们心中。

"二小的事，我们都不愿再提，提了，伤心。"高林山听完他们来访目的，说道。

小敏说厨房有事去看看。"她比我伤心。"高林山望着小敏的背影说。

"这个孩子叫王二小吗？"女记者惊讶地推了推眼镜问。

"怎么……"

"他以前是我的学生，而且，他的哥哥还活着。"

高林山眼神一亮。

在《晋察冀日报》的帮助下，高林山见到了二小日思夜想的哥哥。哥哥并不反对把弟弟的"英雄故事"记录下来，只是他自己必须参与审校工作。二小哥哥已经高中毕业（在那时算是高学历了），成了一名技术工人，对高林山和小敏非常感激，后来逢年过节一直亲自前去拜访，直到他们搬去远方。

二小的哥哥后来参与了二小故事的搜集、整理，他也反对毫无根据地把二小的故事夸张化、伟大化，故而保留了许多生活细节，"力图给小读者们还原一个真实的王二小"。"真正的英雄需要机遇，没有机遇，二小就是那个朴实的可爱的小男孩，跟你，跟我，都没有太大的区别。"二小哥哥在接受采访时说。

二小还是不可避免地被宣传并"神化"了，《晋察冀日报》

在头版用整版报道了王二小的事迹和柳老师对二小的赞扬、回忆；延安来了一位作家陈模，写出了长篇小说《少年英雄王二小》；二小的鲜血可能染红过的石头被命名为"血色石"，成为当地的旅游资源；几十年后，"王二小希望小学"落成，每年开学的时候，小朋友们就会戴着红领巾来到二小的墓前，听校长说"我们的红领巾，都是烈士的鲜血染成的"。单纯而善良的小朋友们，会为他们所不认识的二小流下眼泪，就像雷童的儿子所做的那样。

这是他的幸运吧。生命虽然短暂，却没有白白虚度，而且以另一种方式，让自己在离开这个世界之后，仍然帮助着人们。

第三章　光荣的王璞，永远的纪念

第一节　纪念碑下

野场村前几天改村为镇，趁热给镇上"旧貌换新颜"，修了个文化广场，建起了"野场惨案"文化墙。落成那天，市里的媒体、省台的记者都来了，看着市长微笑着，在闪光灯的闪耀中为新文化墙剪彩。红绸子剪断落下来，彩条儿和掌声纷纷飘散。一些年老市民微笑着看着新的文化墙上一块块版画，驻足在人群里。一名记者捕捉到了老市民的表情，他用虚化近景的方法拍下了一张角度特殊的照片：模糊的人群、市长、彩条儿充当了背景，清晰的老人的微笑和版画。

当天下午剪彩结束，记者回到省城。他转正没多久，这是第一次采访革命老区。剪编室里，带他的老记者师傅走过电脑前，看他挑选照片。

"这张不错。"师傅指着那张虚化近景的照片说，"肯定有故事。"

为了这一句"有故事"，草根记者王宝瑞坐了两个小时大巴，跑回了野场镇，打算补充一些采访内容。他想先跟镇上文化部门联系，谁知大巴到达野场已经下午五点多，人家都下班了。宝瑞提着单反，绕着宽广的、被太阳热气晒伤后蒸发热浪的新文化广场狠狠走了几圈。

新文化广场坐落在城市新开发区，以后会更加繁华，"在影院、公园、游乐场构成的新社区中，野场镇将拥有崭新的文化圈"，市政府大广告上如此说。宝瑞走得一身汗了，在一个角落停下，喘喘气。

这里刚好是上午老人们停留，面露意味深长微笑的地方。王宝瑞仔细端详。他的视力比老人们的要好，看到浮雕上的少年头像。一切英雄人物都被塑造成一个样子，好像版画一样的浓眉深目，红领巾在胸前飞扬。一个是这样，两个是这样……所有的小英雄都仿佛长了一张脸。突然他目光越过这群孩子们，是一个木刻太阳，条条光线照着"野场惨案"的纪念碑。

"年轻人，对这个这么有兴趣啊？"一个颤颤巍巍的声音在宝瑞身后响起。王宝瑞一惊，回头，发现是一个满头纯银白发的老人，精神矍铄，眼神锐利，双手拄着一根黄色漆竹棍。

宝瑞见老人家穿着不一般，直觉有高人指教，要带自己进一个山洞探寻桃源新天地之类的地方了，欣喜之下，几乎上前便拜。

他礼貌地走上前，问道："老人家，这个文化墙，可有故事？"

"有故事的，都被拆啦，拆啦。"老人家用拐杖跺一跺地，转身离去。

宝瑞连忙跟上,"原来有故事的地儿,在哪儿?"

"找不到了,找不到了……"老人家摇头叹息,"只剩一块碑……"

宝瑞眼前一亮,"那您能带我去吗?"

他们来到了一块野草掩映着的石碑前。一行繁体字写着"纪念王璞小英雄",旁边是小字"晋察冀边区政府宣",年代已不可考。

"那年,我还是个孩子……"老人望着碑,眼神已失去聚焦。

第二节　纪念碑与毛毛虫

那年,毛毛虫还是个孩子,是乡里唯一一个石匠的儿子,对石头极感兴趣。爸爸传了一套木头箱子里的精美刻刀给他,逮着一块漂亮石头,他就刻呀画呀的。

毛毛虫最擅长隶书,所有的字体里,隶书最饱满,浑厚。他放羊,找个草场,把头羊往树上一拴,坐那儿就掏出个石头,开始刻。横平竖直地描画镌刻,能废掉半天时光。有一天,他突然想给自己和小伙伴们刻个外号的章。

第一个,"毛毛虫",第二个,"大脚板",第三个,"咚

咚锵",都用隶书,看起来大气极了。

"嘿!逮着你了,又不好好放羊。"大脚板站在他的旁边,"你的羊都不吃草,肯定是对你有意见。"

"怎么会。"毛毛虫正在专心打磨,没想理会他。

"它们真的不吃草。"大脚板急了,自己去检查他的羊。一捏肚子,羊们都叫起来。"完了,吃坏东西了,肚子都胀胀的!"

毛毛虫这才跑过来看,一跺脚,"坏了,吃错草还是怎么了?我不好,把它们领到什么地方来了。"

大脚板转身就跑。

"你去干啥?"远远地传来:"去给你——找——兽——医——"

毛毛虫望着大脚板的背影，十分感激。

可不止这一次了，毛毛虫家的羊出过几次问题，倒不都是因为刻石头耽误了的，每次都是因为大脚板听他一说就帮他及时喊到兽医王伯而解决的。小伙伴们都喜欢大脚板，说他踏实，善良，乐于助人，他的大名"王璞"很少有人喊了。小朋友们喊着"大脚板"，围在他身边，等他掏出纸条呀几条草茎呀编一个小篮小筐或者动物，大脚板总是在忙，又总是有空。他一天可以做很多事情，自家的家务做了去帮助邻居，放羊途中帮人带饭给山上挖草药的叔叔们，咚咚锵和毛毛虫找他玩，他也跟他们玩。乡里的孩子，懂事都很早，像是被贫穷的环境压迫了的早熟。大脚板的早熟，却显得健康阳光。

"这个大脚板，王璞，是不是'野场惨案'里那名烈士？"王宝瑞问道。

"是的。我还清楚地记得当时的场景。他牺牲的时候，年纪虽然不大，却真真称得上'硬汉'二字。"

第三节 "野场惨案"前三天

野场村里看似鸡鸭和鸣，山平水静，实际上，一间房屋里的小小风暴，正影响着野场村的命运。

"村民都搬走。"吸着烟的排长说。

"这工程太浩大了,搬走之后哪里接收?"对面一个右手吊着绷带的人表情严肃,"刘排长,您不希望鬼子扫荡给村民们造成威胁,我懂。可是,周围的村子难道就没有被扫荡的危险了?大规模迁徙,十分缓慢……"

"你不希望村民集体迁徙,目标太大,让鬼子知道我们的行踪。"

"我自然不希望鬼子知道我军行踪,"武装支队王队长左手撑地站起来,拍拍身上稻草,"而且,刘排长,村里将近千人,不能全让鬼子攻陷没错,周围的村怎么办哪?那可是十个村,将近两万人,哪一个能容下整个村的人搬进去?就算分别搬,也是耗时费力,动静太大……"

两人在这边讨论着,村子另一头,大脚板带着咚咚锵、毛毛虫还有其他五六个儿童团团员坐在一块大石头上也表情严肃,开着自己的小会议。

这块大石头是爷爷的爷爷的爷爷辈的时候从天上掉下来的,看起来倒是没啥特色,摸上去总是凉凉的,它太大了,老人告诉他们说县志里记载这石头曾经把周围砸出好大一个坑。没有人能把它搬走。年复一年的,这块不起眼铁一般凉凉的石头周围长出了大树和花草,坑平了,石头只剩小半部分在外面,但仍然很大,十来个小伙伴坐上去不是问题。

树荫下的石头是村民们最好的休憩地。大脚板坐在石头凸出的地方，低头沉思了一会儿。

"我们还是不能撤。"王队长的小儿子浩浩说，"一撤，鬼子扑了个空，就知道八路军提前知道了扫荡的事，剩下几个村，别的不保证，南北边马沟村、李家庄都抓出了叛徒。鬼子一排查，哪些村子有八路马上就清楚了。"

"我们也不是完全不能撤。"大脚板抬起头来，"你们有没有想过，把关键的人物撤走，其实是很有用的？"他扫了一眼在角落里玩着一根草茎，低眉不眨眼的毛毛虫。

毛毛虫一听这话也抬起了头，"说得轻巧，咱村里关键人物一消失，准得引起注意。能保证村里没汉奸？到时候白撤了。"

"正是因为有汉奸。"大脚板说，其他的人都听得很专心，"我们都知道，最近每个村子里几乎都抓出了汉奸，我们村就一定没有？他们早就知道了最重要的信息：八路军多少人，住在哪，什么任务，长官叫什么。说不定已经通风报信。大人早就有打算，他们都会走。"

"猜的吧。"毛毛虫十分不屑。

"是猜的。"大脚板点点头，"他们的事我管不着，但是我们都是儿童团成员，就算大人不告诉我们，也应该学会判断，有自己的打算。八路军，都会撤走。那么跟他们有关系的，也都该走。"

"那么，"咚咚锵说，"联络员，驻地老师们，还有——我们，也都该走。"

大脚板点点头。其他小伙伴点点头。

"我留下。"毛毛虫说。"都走了谁来保护大家？"

"团里跟八路军有直接联系的是谁？"大脚板反问大家。

"团长。"大家反应过来，纷纷说，"大脚板，你真的要走啊？"

"我不走。"

第四节 "野场惨案"两年前

"那时我们还没结拜。"老去的"毛毛虫"——拄着拐棍的老人领着记者王宝瑞往回走。"你知道，我们那个时候，连小孩子都很重义气的。当时评书里说刘备、关羽、张飞在桃树底下拜拜就成好兄弟，我们也动过这个念头，找个馒头插三根筷子，就把三个人变成一生的好哥们。

"我和王璞、许安民三个人，那时就已经很要好了，经常打架，经常淘气，干大人讨厌的事情。王璞比较稳重，少年老成，一次许安民提议去打野猪。我只会兴奋，说好。王璞却要想一晚上，还去问村里的猎户，这个时候进山有没有危险什么

的。他考虑问题比较仔细。

"他是个很值得交的朋友。我越来越明白这一点。如果他活到现在,可能是个将帅,可能是个领导人物。当然,那个时候小,没想很远。小孩子们对他崇拜得了不得,觉得这个哥哥捏泥、编竹篮、钓鱼,样样精通的。大孩子也爱跟他玩。我们喜欢他,都喜欢他。

"当然还是我们三个最要好。我那时有点孩子气,死脑筋,许安民有点歪门邪道,老是要冒险。王璞什么都会,胆大心细,我们倒是能玩到一块儿。可能是一起听了评书,之后某一天,就想起来,说结拜吧,就结拜了。"

王宝瑞动动心思,"在哪儿结的拜?"

"村里有一块陨石，有些年头了。每到夏天，石头附近一片都清凉爽快。村里人有点迷信，只有小孩子偷偷去。我们在那儿结的拜。真就是一个馒头，插三根筷子。——咦，我说这位记者同志，我们这故事，你还真有兴趣？"

"有兴趣，有兴趣呀。"王宝瑞忙不迭点头。

"走，走，陪我喝二两去。我给你好好唠叨唠叨。"

老人家住的小单元楼，有些年头了，水泥楼梯都被磨出包浆，扶手也光可鉴人。楼下一块水泥地，几棵树下，三三两两老人摇着扇在石凳上乘凉。王宝瑞跟着老人上了四楼。屋里出乎意料地简朴。

老人一边招呼王宝瑞吃饭夹菜，一面絮絮叨叨说着战争年代的残酷和抗战胜利前后的变化。时代巨变，他们家也巨变。20世纪90年代政府追认革命烈士，老人家和不少童年伙伴一样，分到了一套房。在王璞的纪念碑前政府给他们胸前戴大红花，一个亮亮的小勋章，老人觉得怪不好意思。

"王璞死了，他母亲也去世得早，好时候都没有赶上，反倒是我们……"

"您也是英雄。"宝瑞找到了老人扛枪的军装照。黑白照片，显得他很有精神。"我可以拍一张吗？"

"当年，我们都还小，小孩子，不懂事。"老人对宝瑞说，"为一些没什么的小事，争来争去的。小孩认起真来，也挺有意思的。

"我说了，我们几个中间，王璞最有大人样子。我们叫他大脚板，其他小孩都乖乖喊王璞哥哥，跟在他后面。大人说话他也插得上嘴。村里一直平和、安静，不记得发生了什么事，直到有天村外来人说，日本鬼子进中国了。当时还有人说，皇帝会管这事的。"

"你们当时多大？"

"小不点儿嘛，比大人腰高不了多少。"

"那恐怕是没什么反应的吧？日本鬼子来中国。"

"是啊。有人来打中国了嘛，这是大事。当时小孩子哪里管大事。大人也说，会有当兵的去打他们。

"突然村里就紧张了。日本兵打下中国许多地方，吃的，用的都涨价，这就不说。有一天，王璞突然跑来找我们，说带我们去看军队。"

"打进来了？"

"不是。"

"是八路军的队伍。"宝瑞有兴趣了，故事来了。

"我们去看那些兵，问王璞是什么，他居然知道，告诉我们是八路，是老百姓自己的军队。我们看完新鲜就要回去，毕竟对当兵的还是陌生，怕呀，也不知道为什么怕。王璞倒好，带着我们爬下了树，朝他们那边走过去。我们就愣了。我当时还记得呀，扯着他衣角，说那是当兵的，你不怕吗，有枪！王璞说，走，去跟他们说说话。"

"王璞带着你们主动去找八路军！"

"是啊，那些当兵的看见几个孩子过来，朝我们笑。其中一个跟我们说话，问我们知道不知道他们是谁。王璞就跟他说话。"

"后来王璞就跟他们很熟，还带着我们天天去他们驻扎的土庙。八路军中间有一些有文化的，拿出书来给我们看，王璞就跟他们认字，看书。"

老人回忆起往事，眼神愣怔，"他注定要不平凡的。我跟一个姓杨的政委学认字，用四角查字法查字典。那字典还在。"

宝瑞没来得及反应，老人就颤巍巍朝卧室走去，"在床底下，还留着哪。'文革'的时候，我把它藏在灰里！"

"您小心。"宝瑞上前搀扶老人。

"书里说些什么？"毛毛虫凑上去，想把油灯拨一拨，大脚板拍他的手。"费油。"

"你想知道书里说的是什么？"大脚板递给他，笑笑，"最好的方法是自己看。"

"可是我不识字。"

"你看见一个月之前我手上拿的那本书没？我是跟着它认会了字的。"

"那本厚厚的又很硬的书？砖头一样，讲什么呀？"

大脚板从枕头底下拿出了一本棕色的厚书。"字典。"

两个孩子脑袋凑在一块,分享秘密一般,在昏暗的油灯下,学起了认字。

不几天,大脚板就把他的入门老师杨政委介绍给了毛毛虫。

八路军留下,是为了团结军民,搞军队建设。

"以农村为根据地",他们在宣传小册子上这么写。什么意思呢?在走家串户发这些油印的小册子时,八路军叔叔告诉他们说,八路军在准备打敌人的过程中,就住在村子里头了,他们打土豪,分田地,大家都有田种。

"是地主都打吗?"毛毛虫问八路军叔叔。叫"叔叔"的八路军,其实是个比他大不了多少的小伙子,胡茬青青的,看起来嫩生、单薄。他说起话来热情直爽:

"不给地才打。有的通情理，平时就对村民很好的，是开明乡绅，不但不打，以后还可以做共产党的官。"

他开始以一种自豪的口吻跟他们聊"三三制"投票，无党派人士占新政府的三分之一！跟国民党比起来，是多么了不起的进步！正当这时，杨政委来找王璞了。

"哎，几个都在啊。都跟我来吧。小许，我跟年轻的小同志们说说话儿。"

叫小许的青胡茬应了一声，把他们手里的小册子接了过去，往前走了。

杨政委这次专门来找王璞。村里孩子他都看了，小队长的儿子浩浩不错，就是小一点。王璞论年龄论其他，都是块材料。杨政委拿定主意要王璞当他的儿童团团长了。他望一眼三个孩子，绰号分别叫毛毛虫、大脚板和咚咚锵，杨政委心下拿定主意，嘴角浮现了微笑。他问了：

"你们想不想为八路军做点贡献呀？"

"是成立儿童团吗？"

三个人都很惊讶，望向了咚咚锵。

其实王璞已经听说了这件事，只是不清楚会由谁来做，什么时候。咚咚锵怎么知道？

毛毛虫想的是：大脚板都不知道，咚咚锵怎么知道？

杨政委笑了："消息怪灵通的嘛！"

咚咚锵自信地挺胸抬头道："我要当团长！"

杨政委脸上的笑消失了。

"别急，这件事情，要从长计议。我这次来，是跟你们说成立儿童团的事。你既然说你想当团长，咚咚锵，你的长处都有哪些？跟我们说说。"

"我组织能力强，带着小伙伴上山、下田。以前村里出过一次火灾，是我带大家去河边提水，让小伙伴们分成三拨人……"咚咚锵滔滔不绝。

王璞听了心里有些难过：那次是他带着大家去提水救火的，但他什么都没说。

杨政委听完，微笑着说："那我们就来一次投票。"

这几天，毛毛虫发现咚咚锵和大脚板不说话了，也不一起走，他不知道跟谁的好。投票的时间近了，他只希望这件事快点过去，他俩还跟从前一样，就好了。

咚咚锵的行为，他明白又不很明白。他想当这个团长，毋庸置疑。但他说的那些话，很难让人理解。为了当团长，也许可以说很多表决心的话，但是可以把别人的事说成自己做过的吗？咚咚锵这几天跟村里其他孩子玩得火热。他越来越觉得跟咚咚锵疏远了。

投票当天，村里的老师，八路军的连长、政委都来了，在露天的场院坐下，唱戏的台子临时做宣讲台。

儿童团是什么？未来的八路军。八路军们打游击战，儿童团就在后方的后方，和大人们一起，搬草运粮，传递讯息。儿童团的团员，都是最勇敢、最伶俐的好孩子。为了帮助祖国赶走敌人，他们愿意分担八路军的辛劳，做好游击队的坚实后备。

杨政委在台上说，深入浅出，他讲了几个八路军和回民老百姓的故事。当时八路军收缴了日本人的猪肉罐头，因为回民忌讳猪肉，过回民区之前，八路军战士们把所有的罐头都丢掉了。在湖南江西的农村，八路军打土豪分田地，成立瑞金革命政府，根据地的老百姓都种上了自己的地！大伙儿干劲大呀，当年就丰收，金黄的稻谷堆满了谷仓。

下面的村民听得慷慨激昂。杨政委继续说，为了实现革命的伟大理想，就该让孩子加入儿童团。加入儿童团，既能锻炼自己，又能为祖国做贡献。一人入团，全家光荣。

淳朴的村民们听得热血沸腾，纷纷点头，表示要把自己的孩子送入团，而且全心全力支援八路军儿童团的建设。

达到了效果，杨政委很高兴，接下来就是选儿童团团长的事情了。

"我们，将在今天选出一个孩子，做儿童团的团长……"杨政委话音未落，咚咚锵就跳到了台上。

有些孩子叫起好来。毛毛虫低下头去。

"今天我来这里，是为了扛起革命的旗子。大家看我们的家乡，山清水秀，多么美好。可恶的鬼子，侵占了中国大好河山，我们，是不是应该赶走他们？"

"是！"大伙儿齐声说。

"可爱的八路军叔叔，来到了我们这里。他们，是为我们赶走鬼子的希望！他们，都是大英雄！我们是不是应该当他们的坚强后盾？"

"是！"孩子们应得非常响亮。

"那么，作为八路军坚实后盾的儿童团，是不是需要一个好的团长，带领大家，做八路军的后盾？"

"是！！"声音直冲云霄。

"那么，我，有信心，做个好的团长，带领大家，做八路军的坚强后盾。大家支不支持？"

"支——持——"台下很多小孩子大孩子们双手做小喇叭状。

"……"杨政委看着咚咚锵，"许安民，你说得很棒。但是……"

"我知道，肯定不止我一个人想当团长，其他的人也同样要有机会。"咚咚锵点点头，下台去了。

毛毛虫这才抬起头来，望向王璞。

大家的目光随着杨政委，一齐投向他。

王璞在众人的目光里走到台前。

"我，知道今天，不一样。"

他扫视大家，八路军长官坐在场后，对他微笑。

"刚才，我的好朋友，许安民，跟大家说了他的愿望。现在我也来说，我的想法。

"我，王璞，在几年前的报纸上，看到日本入侵中国的消息。我知道，鬼子带着枪炮，像一群凶狠贪婪的狼，我们和他们，不是你死，就是我活。国民党军队前几个月就死了三十万人……"八路军指挥官们互相对了个眼神。

"你们想不想上前线？打仗？我也想。但是我们又小，又弱。没有武器，难道白白送死吗？多亏现在，有了儿童团，我们可以帮着八路军，准备饭团子，包好煮鸡蛋和烙饼，捆好草料送到车上。我以前也和朋友们一起，给出远门的大人捆草料。我熟悉这附近的山，这附近的草。放羊放牛，有不认识的草，大家都来问我。

"我父母去世得早，跟着奶奶过，家里苦，能吃苦，所有的活一个人干。要说这样的家让我学到了啥，就是要做好自己的事，我从小就学会了懂事，学会了负责。大人们都说我比同龄人都隐忍成熟，我也这么看。只有一个人的时候，总是要考虑更多的事。

"虽然我们都不成熟，但一旦我们成熟，就是祖国需要我们的时候。为了那一刻，我希望和大家一起准备。许安民也很优秀，他是我最好的朋友之一，希望大家支持。"

"后来呢?"王宝瑞一颗一颗吃着新鲜的紫红色李子,一边问老人。

"王璞当选啦。他上台不久,下面就都安静了。后来,那掌声大的……"老人脸上的自得神色让整张脸亮起来,仿佛当时他在台上似的。

那件事过了不久,咚咚锵和大脚板又和好了,而且比以前更好。他们一起商量平时的训练,在每次出巡前和大家一起割草,两个人搭伙,一人打草一人推车装草,动作麻利,配合得跟一个人似的。

问题的解决,当然离不开毛毛虫。

"当年的孩子,也有这样的心思吗?"宝瑞端起茶杯,听着老人的讲述,细细思考着,说:"可我怎么觉得有点恐怖。"

"你猜,许安民现在在哪里?"老人饶有兴趣地问。

"入土为安？"宝瑞想一想说，马上又道，"哎呀我说什么呢，对不起，对不起。"

"这两年他身体不好，倒是快了。"老人抿一口茶。"以前，是每年见一两次的，他派人来接我。"

许安民在新中国成立后除了"文革"不升不降，其他时候都是一路上升。要见许安民的人很多，见不到的人更多，可是老人年年能收到旧时好友的书信。"还有他司机来，载我去省城，好跟他聊几个小时。"

"每次他写信，我就刻个章回他，去年刻的是'恍若隔世'。我刻法不精当，还只是隶书顺手。他曾经对我说，王璞教会我们很多，我却有一半没学到。"

"听了他这话我可不高兴，反驳说，因为有一半我本来就有，不需要学。"

"许先生这么说，是为什么呢？"

"我不肯捞官做。本来抗日时候出过力的，当时都封了实职。许安民去了我没去。拖着条病腿，去礼堂做什么？金碧灿烂的，我倒别丢脸。"

"这怎么是丢脸。您是光荣的。"宝瑞忙劝道。

老人摇了摇头。

第五节 "野场惨案"前两天

"你先走。""你先走吧。""锤子剪刀布?""好。"

"锤子——剪刀——布!"

咚咚锵进门时,惊讶地发现大脚板和毛毛虫在玩如此幼稚的游戏。

"信和电报都烧了?灰都清理好了?你们做什么呢?"

"后天我留下。"大脚板笑嘻嘻的,跟说一件什么轻松事一样。

"万一鬼子真的来了,怎么办?"咚咚锵说,"你得跟我们一起啊!"

"村里所有儿童团成员都走了,一个不留,谁信啊?我得留下。"大脚板说。

"留下就是死。"咚咚锵放下手里的东西,"土墼你必须得走。"

"现在不是讲谦让的时候,"咚咚锵说,"你得跟着部队走。你可以跟着他们学无线电,以后可以进你想进的部门呀。你不是一直想当个地下党特务吗?"

"本来就是这样,我说了他也不听。"毛毛虫摊手,"锤子剪刀布我输了,谁输谁走。"

"要不再来一盘?"王璞说。

"锤子——剪刀——布——"王璞又赢了。

"唉,"咚咚锵急得跺脚,"还是小孩子吗?两个人都得走啊!"

"日本人哪那么好糊弄?又有汉奸,他们肯定得抓个八路问罪啊。"

"问不出来就是死。"咚咚锵东西往旁边重重一放,"走,都走。"

"老杨已经默许我留下了。"大脚板说,老杨就是杨政委,"别担心,我能自保。"他把咚咚锵放地上的纸包捡起来,递到他手上。

"你就是因为这个放心了。"咚咚锵说,"你觉得他留下也没关系了。"

毛毛虫摊手,"是,因为我觉得老杨肯定有安排。"

"结果呢?"宝瑞迫不及待地问。

"这是我最后悔的事,默许王璞留下。因为部队走的那天起,我们再也没见到杨政委。"老人说。

宝瑞一口茶水抿在嘴里,咽不下去。

"为什么?"

"如果见到他这个人,倒还可以问他:你说好有计划的,当时你去哪里了?消失了?"

"他的部队……"

"我们找到了,此人失踪。"

"并不作何解释?"宝瑞脸上表情严肃起来。

"儿童团成员都跟部队走了,王璞算断后的,部队撤离之后暂时失去了联络,后来他们回来找王璞……"

"却发现他已经牺牲。"宝瑞接着说。

第六节 "野场惨案"当天

日本鬼子来了。全村老百姓被两排鬼子拿着枪抵着,头低着,站在正午太阳底下的坝子中央。

"谁是八路?"翻译抄着手问,闲庭信步。

毛毛虫严守大脚板"装傻害怕"原则,让脚打战,脸上一副痛苦的神情。

他们前一天,在厨房里练过,直到大脚板满意。

"明天不这么做,想逗英雄,我就陪你逗。"他威胁道。

"放心吧,我们会顺利蒙过去。"毛毛虫心里很镇定。

翻译来到毛毛虫跟前:"你是小学生?"

"……报……报告大、大人,……是。"毛毛虫牙齿都在打战。

翻译官满意地看了他一眼。

"八路军在哪里,知道不知道?"

"知、不道……不知道。"

"再说一遍,什么?"

"不知道。"毛毛虫抬头,万分害怕地看一眼翻译。

"你老实、听话吗?"

"报告……大人,我老实……听、听话。"

"站直了!"翻译官突然扬扬得意,大吼一声。

毛毛虫简直吓尿了一般,站得僵挺。

"违抗皇军的命令,欺骗皇军,该当何罪啊?"

"肯定……是死……死……死罪!"

"知道就好。"

翻译官在这个小男孩面前展现出了自己全部的威严,他右手握着皮鞭在左手的白手套上敲一敲,用日语说了几句话,走到下一个人面前。

很快到大脚板了。毛毛虫没回头看。

"你的,什么名字?"

"报告……报告大人,我叫王……王璞。"

短暂的平静。

"儿童团团长,就是你了?"

毛毛虫心下一沉。

"是,是啊!大人你知道我,太荣幸了!"

"哈哈,哈哈,小鬼头……"翻译官收住笑容,走到毛毛

虫跟前,"你认识他?王璞?儿童团团长,就是他吧?"

"有他那样的团长?哼,他是,但本来应该是我当。"毛毛虫迅速站到王璞对立面去,"偷奸耍滑,最擅长就是跟那个什么张政委啦,越书记啦告状。喊我们去割草料?爷爷偏不替你割!八路军,一群走眼的东西!"

"你眼馋,你来当!"大脚板对面骂上了,"你有本事,你买得起烟送他们!本事,等你当上团长了再谈本事!"

他朝翻译官讨好地笑:"我们怎么可能,欺骗皇军。我们,良民啊!之前八路军占着我们的地盘,好歹替他们跑跑腿,又不是真心……"

"啪!"突然一巴掌,差点把大脚板扇倒,他还是嘻嘻笑着:"大人慎重,我们,良民啊……"

"哼,你也有今天!"毛毛虫边说,心里边捏一把汗。

两个鬼子用枪抵着王璞后背,让他走到前面去。

"进你们村的队伍,现在在什么地方?"

"不知道啊,我良民啊!"

翻译官一脚踢在王璞肚子上。

"当时直接跟你打交道的,是什么级别?"

"连长?是个连长。"

"那他姓什么?"

"姓……姓张。"

"够了!"翻译官大吼一声,对日本长官用日语说了几句。

杨政委为何还不出现?毛毛虫大颗大颗地滴汗了。

耳语完毕,大脚板脸上,还保持着那玩世不恭的模样。翻译官做个手势,让两名日本兵带着他去了一侧。

毛毛虫眼睁睁直盯着他们。枪响了。

第七节　不是故事的故事

"你不要把它写下来。"老人捧着茶杯,缓缓地说。

"我正打算问您些细节……"王宝瑞说。

"你问,我告诉你,但不要写下来。"

"好,听您的。"

王宝瑞觉得王璞不算英勇牺牲。

"当时死了很多人吧？鬼子枪杀村里百姓？"

"抢了牛羊走，人只杀了王璞一个。"

"这……看起来不合常理。我指杀王璞，这样很轻率。"

"事实是，这队鬼子仿佛只是一个分队，二十几个人的小中队。他们来村里，抢一些东西，杀一个人，然后撤离，没有问出什么有价值的东西。"

宝瑞慢慢消化这些消息。

"好了，不说这些了，你不想知道那块旧石碑是怎么回事吗？"

"广场附近的石碑？上面用隶书写着……哦，是您……"

"是我的作品。石头，就用的村里那块陨石。王璞牺牲时，就在那块石头附近。"

"那块石头现在却被抛在荒地里。"

"也好，也好。我听人说，新修的烈士陵园里，他们会用一块更高大的石头，刻上王璞的名字。这样更好。"

……

宝瑞和老人告辞，搭上回城大巴。他拿出手机查老人告诉他杨政委的名字，输入人名加地名后，他在搜索第二页发现了一个某地方政府的地方志一节。

杨某某，八路军第某团政委，1942年叛变。

宝瑞决定，写下这个故事，纪念王璞。

第四章　海娃的故事

第一节　老奶奶的智慧

"海娃海娃，"钱奶奶的小孙孙吉吉推他，"我们家鸡又跑了。"

"什么？"海娃一骨碌从床上坐起来。"大老母鸡又跑了？走，咱们看看去。"

"好。"吉吉说。海娃感到吉吉拉着他的手，看到门外边小院土地都反射着刺眼的阳光，说："我去找，你别晒着了，给自己倒点水喝吧。"他把吉吉手甩开，咕咚咕咚灌下一杯水，把草帽一系，就出去找母鸡。

出门的时候顿时感受到太阳的毒热，阳光刺得眼前一阵晕。这时一阵刺鼻的羊粪味袭来。一只羊出了圈，在院子里留下了纪念品。海娃把圈门重新关好，直奔钱奶奶家里去。

大老母鸡——吉吉有的时候叫它"老母鸡大"，因为他还没怎么学会好好说话——是钱奶奶家的下蛋鸡。钱奶奶家下蛋鸡有两只，另一只最近可能是缺营养，不肯下蛋，但大老母鸡因为比较会自己找吃的，总是坚持每天下蛋。下的蛋蒸出来，是吉吉的美味佳肴。钱奶奶因此很喜欢它。它能跑到哪里去呢？

海娃沿着钱奶奶鸡圈那个缝隙，一路往山里找去了。

换成他们刚搬来那会儿，哼，钱奶奶家鸡丢了才不关海娃的事呢！海娃是家里唯一的男孩子，要管喂鸡、放羊、拾柴火，农忙的时候给爸爸妈妈烧水煮稀粥送到田里去。爸爸妈妈常常夸海娃能干，海娃也因此很骄傲自豪。

一个大晴天，海娃哼着小曲儿赶着羊上山，看见一辆驴拉的车停在旁边的院子前边，车有些破，上面堆了三四个木头箱子，两个大人抬着一个柜子往屋里走。当天晚上喝完土豆扁豆粥，爸爸告诉海娃说，邻居家有新邻居，是钱奶奶和她的小外孙。北伐战争之前，钱奶奶在大学里教书，她丈夫去世了。战争打起来之后，钱奶奶的儿子去参军，打仗死了，只留下一个叫小吉吉的独孙。爸爸摸着海娃的头，望着海娃说："好孩子，你今后放完羊回来别管喂鸡的事了，去钱奶奶家帮她喂喂鸡，做做家务，和她的小孙子一起玩吧。钱奶奶老了，身体不方便，你……""他们好像是很可怜，但是他们帮过我们吗？我为什么要去帮他们的忙？"海娃嘟着嘴，想到自己又要多做事，要带一个不认识的小朋友，有些不高兴。

"钱奶奶是一个很有意思的奶奶，"爸爸笑着说，"你跟她多说说话，你会有收获的。帮他们的话确实是累一点，所以不让你喂鸡了。海娃，"爸爸蹲下来，对他说，"你是一个能干的孩子，所以爸爸要锻炼你呀。"

话说到这个份儿上了，海娃还是有点儿不情愿。但他知道爸爸也很累，可是爸爸却帮钱奶奶去修了屋顶，因为他们家没有锅，还把自己家的拿去了一个。自己不能显得太不像爸爸了。于是海娃点了头。爸爸笑笑，去补竹筐去了。

第二天放完羊，他就去了钱奶奶家。推开院门，堂屋里黑黑的。海娃喊了声："有人吗？"这时一个老人走出来了，头发几乎全变银白，头上绾着个髻，穿蓝布衫，灰色裤子，黑色布鞋，显得很素朴，老奶奶对着海娃笑得很慈祥。海娃便喊一句"钱奶奶！"上前扶住她。看到钱奶奶费力地拄着的拐杖，海娃才明白这一老一小有多么需要帮助。"知道你是叫海娃，"钱奶奶说，"你爸爸说你今天会来。我给你烤了玉米，快进来坐这儿。""钱奶奶，"海娃嘿嘿地笑，"我不吃玉米的，留给小弟弟吃吧。"海娃拿出自己的干劲儿来。他砍了柴生火，给钱奶奶烧水喝；扫了地，洗了他们的床单在院里头竹竿上晾了。干活的时候，吉吉从里屋出来，钱奶奶说吉吉有五岁了，可是海娃觉得他有些瘦，个头也比孙叔叔家五岁娃娃小些。一见海娃，吉吉就一刻也不肯离开他，一会儿说海娃哥哥太能干了，一会儿说终于有人跟我玩了。海娃说:"那我天天来你屋头跟你玩好不?"他并不确定,明年就要上学去了,到时候还有没有时间来?但他内心想:只要有时间,我就来!屋里卫生打扫得差不多时,鸡叫了。海娃想起来钱奶奶家也有鸡的,就打算去喂鸡,这时钱奶奶说:"鸡不用喂。"

海娃很诧异,他说:"我们家鸡叫了,我就去喂了。"

"这鸡叫起来是断断续续的,声音不亮,也不长,你听——"这时鸡又叫了,好像在低声咕哝着什么。

"听,这是鸡渴了。走,我们给鸡添水去。"钱奶奶撑起来往后院走,海娃赶紧扶住她。

大老母鸡长得像公鸡一般凶狠。钱奶奶一边轻声地学着鸡的叫声,一边给它慢慢儿添水。海娃觉得可奇怪了:哪能光凭叫声判断鸡是不是口渴了呀!

第二天,海娃把最后一只羊赶进羊圈之后,再去钱奶奶家时,看到吉吉来开门。"吉吉,你饿不饿呀?""……不饿。"吉吉咽了咽口水,果断地说。虽然海娃家也是每年有一段时间青黄不接要靠借粮熬稀粥过日子,但海娃妈妈很会打算,有粮时省下口粮,存着足够的粮米、面粉,留一坛子一坛子的鱼干酸菜帮家里度过这个时期,可是一老一少的钱奶奶家就不会有精力做这样的打算。

"你真不饿?"海娃诱惑吉吉。

"哼，"吉吉仰着聪明的小脑袋，"海娃哥，你一定是给我带好吃的了，拿出来呗。"

"不给你吃！"海娃笑眯眯地掏出了纸包着的红烧的野兔兔腿儿，这是他省下来的自己的那份。

吉吉吃得开心极了，差点连纸都吃了。海娃看着，比自己吃了还开心，但是又心疼吉吉营养太差了，长期吃不到好吃的。再后来，他总是没忘把自己的好吃的留一点给吉吉。而钱奶奶，看到海娃对鸡叫声有兴趣，就教海娃学鸡叫。"打鸣时候呢，是这样叫的——果——喔——国——"海娃学一遍。"不太像。你这声音后面抬上去，国儿——像这样。"海娃又学一遍。"哎，像得多了。""那鸡喝水怎么叫？""诶，别急，把这个学会喽！"

有一天海娃和钱奶奶坐在院子里的海娃爸爸给做的小板凳上，海娃在绑一把新的扫帚，钱奶奶筛芝麻，有一搭没一搭地聊着天。

"芝麻晒好了，是要拿去磨粉吗？"

"是呀，拿去磨成粉好做粥。榨芝麻油也是好的，就是嫌太浪费，那么多芝麻，熬那么一小桶油。"

"芝麻油可香啦。"海娃想起去年生日吃面，妈妈给自己卧了一个香喷喷的荷包蛋，上面滴了两三滴芝麻油，真是世界上最好吃的东西之一了。

"以前，吉吉的爷爷还在的时候，"钱奶奶边说边晃着大簸箕，芝麻"哗啦哗啦"地响着，"他是一位工程师。他对工作、对朋友、对家里人，都是很好的。我的儿子，吉吉的爸爸，生得像他，尤其是眉毛和下巴。吉吉的爷爷是革命党，那时候上级为了保护他不让他公开身份，就每天夜深了，偷偷去写些文章。后来，有一天晚上，他写得太累趴在书桌上睡了，吉吉的爸爸溜进了书房，看见了文章……"

"他深受感动，成了革命党。"海娃说。"肯定是这样。我妈给我讲的故事都这样。"

"是的，"钱奶奶顿了一会儿，"那时的社会马上就要发生革命，而革命党是要杀头的。吉吉爷爷不愿意吉吉他爸爸成为革命党，是为了他的安全考虑。他甚至把吉吉爸爸送去日本读书。"

"可是吉吉爸爸不愿意去日本读书。"

"当然不愿意。我先生就说，你以为留下来，发发传单，扛着一杆你都不会用的枪，就叫爱国了？去日本，学现代化的东西，回来做些有用的事情，才叫爱国！"

"吉吉的爸爸怎么说？"

"他开始说的是，祖国更需要他，他不能离开祖国，可是爷爷很坚决，你没有能力，凭一股蛮力，拿什么革命呢？当然他也有自己的考虑，当时袁世凯、北洋军阀混战割据，到处都是乱的。眼看就要闹起来，简直就是暴风雨来之前的样子。如果换成你爸爸和你，你爸爸肯定也不愿意看着你闹革命被抓起

来,一定想尽办法让你远离危险。"

"但是我肯定要留下来,参加革命,拯救这个国家!"海娃听得热血沸腾,觉得自己仿佛处在那个风起云涌的年代,已经肩上扛了把步枪准备去闹革命了,家门就在身后,但是他充满了革命者大无畏的精神,甚至都不会回头看一眼。

"是的,吉吉的爸爸也这么想,当时他刚结婚,吉吉妈妈是他的高中同学,长得很文静、清秀。两个年轻人志趣相投,又都固执。我们劝不住他们。"

海娃正想说:是我的话,一定也这样,谁也劝不住我!突然转念想到现在吉吉的爸爸、吉吉的妈妈,还有钱奶奶的丈夫,全都没了——或许就是革命中牺牲了呢,只留下老奶奶和才几岁的小吉吉,他顿时感到一种残酷,就什么也说不出来,低着头绕扫帚上的草茎。钱奶奶也仿佛陷在了往事的回忆里，把话停下来之后，慢慢摇着簸箕。

"那，后来呢？"

"后来就是现在这个样子了。"钱奶奶笑着说，"吉吉的爷爷被告了密，被段祺瑞政府抓走了，我想了很多办法可是一个月后，他还是死了。吉吉的爸爸妈妈是跟着蔡锷将军作战，死在了云南。"

"钱奶奶你呢？"海娃突然问。

"我呀，跟着八路军，八路军到哪里，我就到哪里。"钱奶奶笑声爽朗。"在晋察冀，在我们上一处村庄，有些孩子想要学习，我就教他们。有新的红军战士要学伤口包扎、消毒、注射，学莫尔斯电码，我也教他们。但是在这儿，你们村里有小学，我就退下来，做些其他的事情。"

"但是你不是八路军吧。"海娃笑了，他仿佛明白了，"你是地下党员。"

"芝麻好了，我们拿去磨！"

第二节　要聪明，更要努力

"为什么不跟钱奶奶多学点知识？"这是海娃上学第一天，刚起床时候最大的疑惑。不过，看到妈妈煮了一个荷包蛋，海娃还是产生了一种"上学真好"的感受。

教室是拿村里一座旧庙改造的。二三十个孩子挤挤挨挨，坐在七八条长板凳上，黑板是用锅底的黑刷在墙上的，海娃和一个小姑娘、两个比自己小的男生坐在一条板凳上。这样坐很不容易，海娃看到女孩男孩们都被挤出汗来，但每个人脸上都是难以掩饰的兴奋，互相你望望我，我看看你，有些和旁边的人聊着天，有些期待和别人说会儿话，但是不知道为什么开不了口。海娃属于后者。旁边穿绣花上衣的小女孩虽然看起来很开心，却抿着嘴一直没吭一声，海娃就突然害起羞来，不知道如何跟她说话。但今天一切都那么新鲜美好，因为这就是上学的第一天！阳光明媚，透过土墙上的窗框照在木桌上。很快一位女老师走进来，穿着普蓝色旗袍，面带笑容。大家纷纷把好奇的目光投向他们的老师。

下次我可以自己带一个小板凳。海娃还在想。老师已经清了清嗓子，环视一眼教室。她在"黑板"上写下"赵仁秀"三个有力楷体。海娃赶紧把这几个字依样画葫芦描在妈妈给自己订的草纸本上。

"同学们……"她说。大家都在笑：同学们！平时都喊张二娃王狗蛋的。

"是的，以后你们互相称对方同学。我呢，叫赵仁秀，你们就叫我赵老师吧。"老师说，声音平静甜美，"你们平时，关不关心国家大事呀?"

张二娃王狗蛋们纷纷摇头,互相嘻嘻笑,他们第一回上课,不太适应老师这样说话,更不明白问这个干啥。

"我们来上课,不在家里放羊,是为了什么?"赵老师声音温柔又响亮,"我的家乡在东三省,是个苞谷甜稻米香,鱼儿成群的地方。冬天的雪,大起来及膝深,我那时候还是个小孩子,我们在雪地里逮野兔,大人们进山打狍子,回去家里头,睡在暖暖的炕上。但有一天不平静了,敌人攻进了中国……"

大家慢慢听得聚精会神,被东三省人民的苦难和苦难中的坚持所感动,为国民党的撤军不抵抗而愤怒,为共产党地下党员坚持抗日的勇敢而振作。故事讲完就下课了,海娃旁边的小女孩对他说:

"日本鬼子真是太可恶了!"她眼睛里有晶莹的泪光。

"就是啊!"海娃愤愤地点头,"我们一定要赶走他们!"

这时他突然反应过来,终于和这位同学说上话了,赶紧自我介绍:"我叫海娃,住那块,山腰上!"

"我叫钟天意。"她说,点点头。

天天讲故事,上课该多么好玩啊,可是第二天大家就开始学习1,2,3和"1+1=2","这个'3',像不像画出来的耳朵?"赵老师耐心地比画。海娃暗地里咕噜:才不像!

偷偷瞄一眼天意,她永远端端正正坐着,右手拿着她的短铅笔，老师写个"4"，她就把这个"4"模仿老师的笔顺记在本子上。唉！上课多不好玩哪。海娃想起了吉吉，想到了家里那只后蹄有点肿的小羊……"海娃！"不知什么时候，赵老师来到他的面前，拿着教鞭，"你开小差了吧？"

海娃可气恼了，"开小差"，他一开始是在认真听课，只不过刚才想多了一点而已。哼，才没有在开小差呢。周围同学们哈哈哈笑。

赵老师又教语文，又教数学，下午教音乐。慢慢地上学的时间也变得快了。不知道什么时候，赵老师说："你们已经学会了一位数的加和减，也认了一些字。那么我们今天来一场——考试。什么是考试呢？就是让你做几道题，看看平时教的，你学会了多少……我们现在开始吧。"

第二天海娃拿到了自己的 50 分。天意看到他的卷子，什么也没说，但是海娃看到天意的卷子，忍不住了。

"凭啥你就拿 100 分？"

天意很奇怪，说："因为我没做错呀。"

50 分是不及格。海娃怒了。把卷子往手里一卷，气冲冲回家去。那卷子就甩在家里桌子上。爸爸回来看到了："海娃，你第一次考了 50 分，不错了，下次仔细检查，争取做对多一点。"

海娃点点头，去把鸡喂了就出门找吉吉玩，这件事被彻底甩在脑后。

一个星期之后，他们学到《静夜思》这首诗，赵老师还是蓝布袍，大发髻，和蔼地在台上问："谁背会了这首诗？"她点了海娃。

"床……床前……"海娃顿时感到比拾了一整天羊粪还吃力，比看到一群羊不听自己指挥到处乱跑还头疼。赵老师赶紧点了天意，天意响亮又流利地把诗背完了。

下一次考试，有几个孩子考了90多分，天意是100分，海娃拿了55分，名列倒数。

"不错，比上次有进步。"海娃爸爸举着卷子看了几眼。今天他穿了长袍，看起来和平时不太一样。"不过，你是哪些知识没有掌握呀？下次……"

"哼，才不是这个呢！"海娃说出了自己想法，"我是太笨了，语文也不好，数学也不好，音乐课也是个烂嗓子，唱不了歌儿……"声音渐渐小下去，"可是……大意成绩多好。"

"海娃是最聪明的孩子呀！"爸爸把海娃从床上抱起来，"走，爸爸带你去一个地方！"

"爸爸，"海娃终于发现他的变化，"为什么你头发全梳后面去了，抹了发油，还穿了长袍？"

"保密！"爸爸说，"不过我们可以去看一看天意的秘密去。"

海娃一心要看天意聪明的秘密，跑得比爸爸还快。

天意家在山脚平原上，有一片院子。海娃爸爸牵着他在大门口敲了三下，一个穿布衣的叔叔出来了。

"叫钟叔叔。"海娃爸爸说。钟叔叔一副大框眼镜，灰色布袍，个儿不高但是人很挺拔。"我带海娃路过你们家，这孩子一直不知道天意为什么成绩那么好……不麻烦你，我们看一眼就走。"

"天意在书房学习。我带你们看看去。"钟叔叔笑了。"这就是海娃？看起来很聪明嘛！"海娃不好意思了。

进来之后，他好奇地看着这个很大的房子，走过了几根跟自己家完全不同的漆上的门柱；他们上了二楼，钟叔叔便说，到了。

从面前一个窗户可以看见房内。天意羊角辫就像绷得弯弯的钓鱼竿那样一动不动，在桌前学习。

海娃安静了。自己放学了就跟吉吉玩，什么时候翻过书？考试了才知道，老师讲的还有很多不懂。

回去之后，海娃检查一遍羊圈鸡圈，坐到桌前静心开始看书。海娃的书桌特别特别小，一盏菜籽油的灯更谈不上亮，可是这灯里的油，还是妈妈省下来给他的呢。现在如果你站在海娃家院子的栅栏外看，小窗户上的昏黄的灯光，显得很温暖。海娃的爸爸换下了他的长袍，穿回农民的装束，走到海娃的门口默默看了一会儿，又走了出去。

很快又一个学期结束了,考试的时候,海娃举着他的小铅笔,心中想"这次,我要想清楚了再下笔",他心里充满了信心。

无论到时候成绩怎样,至少自己付出了努力,不会后悔了。

第三节　战争打破了宁静

海娃知道爸爸是民兵团团长的时候,是格外吃惊的。

那天爸爸拿着份报纸,又是一身长袍打扮从外边回来。手里卷着一份报纸。"爸爸,你穿长袍,肯定又是去城里,你是去干什么了呀?"

"你要保密。爸爸去跟市里武装部的人聊天去了。你知道日本鬼子打进中国来了吧。"爸爸扬一扬手中的报纸。

"当然!"学校的课都不开了。海娃一下子跑过来拿报纸。

爸爸故意拿得高高的不给他，海娃抢了一会儿。

"村里组织了民兵团，我负责组织大家。赵团长还打算把你培养成秘密联络员。"爸爸扶着海娃的肩把他拉到后屋头。

"以下我说的，你一定要保密。既不能为了炫耀自己去跟小朋友说，别人问你，你还要说没听说过……"

海娃多么高兴呀！三个月之后，海娃学了简单的旗语，几个日语词，几句英文，知道了怎么用山里的石头、土、树叶、苔藓等来"临时"藏东西。这一切拜那个面无表情，偶尔一笑比哭难看的赵团长所赐。三个月，他经常大清早来到海娃家，一教就是一个上午，期间吉吉来敲门，海娃还得装不在。可是在赵团长的严格训练下，海娃进步相当之快。赵团长离开时，只是对着海娃爸爸说："我看，海娃是一个只欠实战的联络员了。"便点点头，走了。

海娃爸爸完成了对海娃的"实战"——送信。路上遇到若干人等，海娃都以"赶羊"为借口没理他们，在第一时间把信送到目的地。有一次，路上碰见爸爸。爸爸把脸一围，装成特务，来搜他。海娃忍住笑让爸爸搜，终于被放行了。回来的路上看到爸爸在迎接他，两人都笑成一团。

"叔叔需要我帮忙吗？"海娃不停地问。今天到家里来的人跟平时来的不一样，都是身强力壮的民兵。他们看起来都特别匆忙，背着枪和大口袋，进了家里后院。爸爸打开了地窖，让他们把东西放进去。

而每一个经过海娃的人,不是对他笑笑就绕开了他,就是直接来一句"不用了",一面大踏步地走进后院。大人可真是不客气啊!

妈妈煮了一大缸茶,一满盆的茶叶蛋,还烙了香喷喷的葱卷大饼给客人吃。海娃看到了,说:"妈,让我来。"端这端那的帮忙。"大嫂太客气了。"一个民兵把毛巾往背上一搭,一手拿了一个大饼,卷上葱嚼得很脆。"客气个啥!过几天要训练了,家里都说好了没有?"海娃妈妈问。"说好了,家里媳妇还没讨成,只有老母亲一个人。她准了的。""真的?"海娃妈妈挺惊讶,"那她……"

"我都考虑好了,"小伙子把饼拿在了手上,抹一把嘴,"我表哥离不开他家里,到时候让我把娘接过去。"

海娃心想,这个大哥哥不跟我一样吗,是家里唯一的孩子,又当兵了,天天跟枪炮打交道,按爸爸说的"说不准哪天就没有了"。他牺牲自己,为的是赶跑日本鬼子。他对这个皮肤黝黑、高高大大一身肌肉的民兵哥哥产生了敬意,赶紧递一杯水给他。

几百杆枪进了海娃家地窖。叔叔和哥哥们扎着白头巾披着坎肩,从后院的门出了海娃家,钟叔叔和爸爸,还有总绷着脸的赵团长留下来,就着一张地图谈了很久。这样的阵容让海娃很激动。

晚上大人们还在堂屋谈着,妈妈让海娃早睡。海娃偏偏激动到睡不着。他想的是,很快,自己就要有真的任务了。

第二天,爸爸给海娃一封信,让他交给赵团长。海娃以为又是考验自己的任务,把信拴羊腿上,赶着羊就去了——他一路把羊赶进了市武装部的大院。赵团长留下了海娃,关上门之后,赵团长说:"海娃,日本鬼子很快要打到这边来。我命令你,从今天起承担龙门村的送信任务。"

第四节　海娃送信

从此,海娃的生活大有改观。他白天带上馍馍,表面是去放羊,实际上总在村口一带转悠。有时候是爸爸,有时候是赵团长,有时候,是一位把一根麦秸露半段在袖口外的叔叔,他们走过海娃身边,好像是不小心撞了一下海娃,实际上信已经到了他的口袋里。他们说两句暗语,听起来是无关紧要的话。他们走了,海娃就装作不紧不慢把羊往山上赶,走上出村的小道,一路送信去了。

一天,海娃爸爸把一封信塞进海娃口袋。"三王庄。"爸爸说。随后他马上说:"海娃,早点回,晚上可能有雨,鸡圈今天破了个洞。"便大踏步走了。

海娃惊呆了,又不能显露出来,只能赶紧赶着羊到僻静处,从裤子里抽出两根麻绳开始搓。"早点回"就是让他"急速赶到","晚上"指信是三根鸡毛,"有雨"指信交到指挥部,"鸡圈破了个洞"——这个太恐怖了,说明日本鬼子已经攻进城里,随时可能到村里来。

海娃用麻绳把信卷好,把信绑到羊尾巴底下,麻溜儿走了。心事重重是难免的:日本鬼子来了怎么办?虽然赵团长教过他:不慌、装傻、示弱,但是海娃还是十分担心,脚下步伐却一点不敢放慢。日本鬼子真的会来?绕过一段山路——村西的信号树已经倒下,说明全村要做好准备防范鬼子。这下好了,鬼子真来了……海娃看看头羊的尾巴,信放在那儿,应该很安全。他心咕咚咕咚地,只希望自己早点儿把信送到。

紧赶慢赶,天色渐渐暗下来。四周的山还略有些余晖落在上头的,另一侧的轮廓则渐渐模糊,仿佛有人在上面把颜色涂乱了似的。海娃哼着小曲给自己壮胆。突然之间,他听到了马蹄声,隐隐约约,粗重的脚步声也很快就清晰起来——有一拨人,从山口往这边过来了。海娃不再迟疑,拼尽全力赶羊,期望能摆脱他们。

是的,来的正是鬼子的队伍。远远一望,就看见前面的军官骑在马上,穿毛呢军衣,腰里配着象征武士道精神的长刀。海娃脑海里迅速判断了一下:前面有两条小路,其中一条特别艰险,人都难过,羊儿虽然会攀岩走壁,但万一掉下去,信也保不住。若走另一条，就必须抢在鬼子的前头。可是这一群日本兵行进速度非常之快。海娃心怦怦直跳，背心胸前汗衫湿透。他还是赶羊赶得很快，同时一边愉快地吹着口哨。

日本兵赶上了海娃。在他们眼里，他可能是一个普通的放羊孩子，也可能是八路军的小特务、小奸细。"嘿！那孩子，停下来！"后面有人喊。"就是你，放羊的那个！"

海娃停了下来，冷汗直冒。他喝住羊群，用余光瞥了一眼头羊，再慢慢地转回去。

"不要怕不要怕。"一个穿军装的人，迈着笔直的步伐，面带笑容走了过来，戴着一副小圆眼镜，高个儿，修长身材。因为他说一口流利中国话，加上他的高个，海娃判断他是翻译。事实上，他的确是翻译官。但是在这个时节给日本兵做翻译官的，也只配得上"狗汉奸"三个字了。

"狗汉奸！"海娃忍不住轻轻把这三个字说了出来。他突然想到了赵团长说的"不慌、装傻、示弱"，却立马慌了。自己一脸的惊恐和全身的冷汗一定已经被日本人看了出来，翻译官一定听到了这句话；一会儿他们就该威胁、恐吓、折磨、枪毙自己了。

翻译官听到了"狗汉奸"，从眼镜的闪光中意味深长地看了海娃一眼。但他却因此判断海娃仅仅是一个难以管教的普通放羊娃。真正要当八路军奸细的人，表面会很顺从，实际上却

把他们领入埋伏,比如在上一个村庄遇到的"上等良民"一般的放羊人,一路领路一路谄媚,把他们带进酒馆。表面上百般对他们好,若不是太君留一个心眼,早被酒馆假扮店小二的游击队员给攻击了。这种直接表露恨意的,反而是好事,暗敌不如明敌嘛。

"我什么也没听到。"翻译官对海娃笑一笑说,"来吧,小朋友,我替你赶羊,你跟我们走一趟吧?"

"去,去哪儿?"海娃显出一脸惊恐。

"跟我们走,有肉吃!"翻译官笑了,"来吧!"

海娃便装作顺从,把羊赶了过来。表面上看,这支日本军是一支队伍整齐、武器精良、纪律严明的队伍,他们行军的时候也是整整齐齐,每个人脸上都是坚毅神情,队伍前排的军官皮靴锃亮,海娃倒宁愿他们是脏衣邋遢、骂骂咧咧、一见面就甩他几耳光的"相声里的日本人",那样的看上去反而好对付。翻译官不会赶羊,还是把鞭子交给海娃,他对太君说了几句之后,太君在马背上对着海娃摘下军帽,鞠了一躬,海娃下意识地也弯了一下腰。太君笑了笑,对翻译官说了几句话。翻译官说:"小朋友,太君说,他见到你就觉得你特别善良,特别喜欢你。希望你能把我们领进村子,好不好呀?"那位太君对着海娃点了点头。

"好,好!"海娃赶紧装出一副惊恐的样子,翻译官拿了几颗糖给他。海娃第一次看到如此漂亮的糖果,如获至宝,赶紧塞进口袋。这日本人还真会收买人心啊。突然他觉得这种态度不对:是不是还是应该在糖上吐口唾沫,扔在地上?不不不,傻子才这么干!到时候既杀了日本人,又白拿了他们的糖,岂不更好吗?

海娃就赶着羊,一边盘算着怎么把日本人在路上的信号传出去,一边把日本人领回龙门村去。

从海娃赶了半天路的这处地儿回龙门村的路上,有一座小山庄。太君示意在这里停下。一路的日本兵,自动靠路边站好。海娃看他们身上武器,虽然不知道名字,但一看就比自家地窖里那几百杆枪高级得多。这样子这边怎么打得赢哟?海娃不禁胡思乱想。

没等海娃反应过来,他的羊就被两个日本兵赶到一边了,有两只羊被拖了出来。其中一只特别不情愿,使劲儿咩咩着——

"那只不行!"海娃一下子扑过去抱着羊。两个日本兵顿时紧张,用枪指着他。"这只是头羊!领路的!"他这下真哆嗦起来了。海娃要镇定!他对自己说。

翻译官把海娃的话翻译给太君听。太君挥挥手,说了句话。日本兵把枪收起来了。

"好了小朋友,不会抢你的头羊了。"翻译官非常亲切地说。

现在海娃才明白为什么他说"跟我们走有肉吃"了,吃的是他自己放的羊身上的肉。海娃眼见放了好几年的羊阿黑、阿呆和鸡仔儿被活活杀死,被日本兵白白吃掉,十分愤怒,捏紧了拳头,又十分伤心。回想到头羊保住了,信还是可能送出去,又暗暗庆幸。不行,此刻的庆幸决不能表现出来。海娃蒙着眼睛在那哭。边哭边盘算啥时候能跑。

虽然这种体会非常朦胧,海娃还是感受到了一种可以称之为"高尚"的情感。我牺牲了自己家的羊,但是信能送出去,鬼子能赶跑,大家都能幸福……海娃自己心里有了坚定又温暖的情感,我做了一件对的事情。这让海娃能保持清醒,继续演戏。这"戏"可不能被日本兵看穿喽。多年之后海娃已经不被人叫这个外号，但他带兵打仗的时候，仍能回想起羊儿被杀的那一幕，自己所体会到的第一次牺牲小我成全大我的感情。

日本兵自己带了些罐头，他们一共杀了三只羊，吃完后，太君和两个卫兵回来，说了一串话。他们便收拾起来，让海娃赶着羊一起转移。

晚上的山里十分寂静。日本兵在山庄的旧房子里安顿下来。海娃想到羊儿们今天跟着他受委屈，一一抚摸它们，给他们吃草。很快几乎所有人都休息了，只听见羊儿在棚子里咀嚼的声音。

翻译官跟海娃睡一个屋，他手长脚长，稻草铺的褥子比较短，睡着不方便，只能蜷着。海娃假装流露"山里孩子淳朴的一面"，对翻译官说："要不我把我这稻草分些给你？我的长了。"他面露"虽然你是日本人的人，但是我还是想帮助你，没办法，这就是我善良的本性"的矛盾表情，一面把稻草拨过去。

翻译官摘下眼镜的小眼睛里流露出狡黠的感激之情。海娃瞬间读懂他的意思是："这些被卖了还要帮人数钞票的山里娃儿真是太让人纠结了。"翻译官嘴上说着"谢谢你啊小朋友"，就把大衣披在身上，躺下了。

海娃假装睡着。这真的很困难。平时海娃是一躺床上就睡得呼噜呼噜的，可是今天不行，不等夜里逃，更待何时？要不，真一觉睡过去？反正平时也会起夜；可是不行，万一一睡起来就是第二天大白天，还怎么逃跑呢？海娃只能闭着眼睛装睡着，装出打鼾的声音，同时还努力保持清醒。

翻译官的鼾声响起来了。窗外银白的月光透了进来。海娃朝他那儿小心地看看，又足足等了可能有半个多时辰，才起身，沿着窗框，爬上房梁。

在自家海娃经常这么干，爸爸批评他，他就嘿嘿一笑，说"我强身健体"，爬上房梁之后，就能看到家里每个房间的一切事情。这也是海娃现在在做的事——侦察敌情。

太君歇在堂屋之后的偏房，不过每一个房间都住满了人，房前有两个立得端端正正的哨兵，还有海娃最担心的大狼狗。不过后院，可能因为只有羊，就只有一个哨兵守在那儿。更让海娃开心的是，他坐在门槛上，已经昏昏欲睡。

海娃等了一会儿，直到他彻底歪在门边上。海娃顺着柱子轻轻地爬下来，去头羊那里，头羊很懂事地一声未发。海娃把信取下来塞在胸前兜里，一溜烟儿跑到后山找小路去了。

让我们跟着海娃跑，跑，跑，从映月当空的深夜，到凌晨，月已西斜。山里孩子的耐力在海娃身上得到很好的体现，你看他舌头如大狗一样伸出来喘着粗气，这说明可爱的海娃体力不够了，昨天晚上吃羊肉的时候，因为那是他自己的羊，便不忍心吃。现在海娃处于十二分饥饿的状态。他寻到一个小水潭，用手掬里头清凉的水喝。四处找找，两根小野菜也挖出来吃了。海娃捶胸顿足想，早知道如此，昨天把羊肉吃了就好了，虽然阿黑、阿呆和鸡仔儿平时吃草那可爱的样子还在海娃心里，想到自己曾经给他们喂草还会伤心，但是就算有足够充分的理由，看在夜里逃命的份儿上，昨天应该把羊肉吃了。

不管怎么样，海娃还得跑。他咬咬牙，又站了起来。跑！

黎明时分，海娃跑到一个山头。对面有一个日本鬼子，操着一面小白旗，向海娃打旗语，海娃脱下小白褂子，对他挥几下，大意是：我是帮皇军探路的！日本鬼子放海娃过去了。再过两个山头，就到三王庄了。海娃满心的兴奋。

出于保险，他摸了摸自己的胸前。

这时，海娃的目光凝固了。

他刚刚把手伸向怀里的口袋——放信的口袋。袋里空空如也，除了一个窟窿。

鸡——毛——信！这三个字如燃烧一般从海娃眼前掠过。鸡毛信丢了，这是怎么一回事？不行，一定好好想想。这个念头一出来，便有一幅幅图，山庄，羊圈，一个个山头……电影般闪过他的眼前，突然在一幅场景前停下。清泉！对，是在那个有清泉的小水潭旁。海娃以更快的速度往回跑。

终于到了，信躺在石头缝里。海娃把信放在肚兜里那个口袋中，松了口气。

海娃啊海娃，现在快去，还来得及！

谁知，他刚一走上大路，就被一左一右两杆枪瞄准了。

鸡鸣头遍的时候，翻译官一睁眼，便发现这个小放羊娃不在。前院的士兵一直精神抖擞站到现在，让他立刻判断这个小崽子是从后院逃跑的。他拿着手杖走向后院，难得霸气一回，扇了日本人两个耳光，虽然那是一个毫无职权的看上去很稚嫩的少年哨兵——而且后来才知道那不是日本人，而是改了日本名字的台湾青年。出于要邀功心理，翻译官去跟太君报告，并且咬定他的逃脱一定是因为这是一个聪明而且隐藏很深的小八路。他提出让中队长带一个中队去，把小放羊娃抓住枪毙便是。太君眼前一亮，对他耳语几句。

翻译官听完，不甚满意地领命而去。不出一个钟头，便逮住了这个可恶的放羊娃。其实他若是仔细考虑，绝对会发现问题：作为一个疯狂逃命的人，为何过了一整个晚上，才跑了他们用一个小时就能赶上的距离？他们的理解是：小孩子体力不够，又没有吃晚餐，夜里以为脱离了危险，在水潭旁边就歇下了。海娃不知道他们如何想，只怕信被搜出来，全身抖得厉害。

海娃脸上挨了翻译官好几巴掌，这回日本兵把他手绑在了身后。太君率大部队而来，对他和蔼地笑了笑，让他站到面前来，脱下自己的皮手套，左右开弓抽打海娃。

小时候有一次海娃差点吃了家里的火碱，那个是要人命的，爸爸看到了，非常生气，打海娃也打得很厉害。海娃记得自己好几天没法屁股沾床睡，只能趴着。但那跟这根本不一样。这个日本太君打自己的时候，他看穿了和蔼表情背后的残忍。正当海娃想要怒视太君的时候，"不慌、装傻、示弱"的教条又出现在海娃的头脑里。他就埋下了头，装出一副顺从的样子，不让他们看见自己的表情。

太君发话了，语气庄严，铿锵有力。他后来每说一句，日本兵们便斗志昂扬地大声答"嗨！"。说到最后一句，全体日本兵，包括翻译官，都亮出枪里雪白的刺刀，右脚一跺，威风凛凛。海娃想到地窖里的那些破枪，心想，若是这些武器能变成我们的，该多好啊！

整个队伍出发了，海娃看到自己的羊群被一个日本兵赶着，在队伍的最后。头羊不见了。海娃心一空，想到了羊儿懂事的眼神，自己反而更加坚定。他装作面无表情，站在队伍前列带路，翻译官用绳子拉着他，如拉着一条狗似的。海娃木然地听着皮靴、行李袋近乎整齐划一的声音，从昨天下午到现在什么都没吃的事实折磨着他的胃，太阳升了起来，眼前路面的沙土渐渐亮得晃眼了。

三王庄就在前面。海娃想。突然他抬起了头。

此时，他们走到了山嘴。从这个角度，尽管海娃头晕眼花，但却一眼发现——三王庄的信号树，倒下了！这说明三王庄的指挥部，已经知道鬼子进村的消息。海娃想要微笑，可是已经没有力气。

"太君问你，前面就是三王庄吗？"翻译官问海娃。海娃赶紧说，"我什么都没吃，能给我吃颗糖吗？"他说完就假装晕倒。

翻译官没扶，海娃就真倒了。饥饿劳顿，加上精神上的折磨，海娃真的倒了，不过他存着仅存的理智，知道自己可以装晕，但一定要保持体力。

一颗糖进了海娃的嘴里，有人给他灌水。海娃咀嚼着那糖，感到精力回来了一点儿，翻译官强拉他起来。这时海娃不再彷徨，他知道了怎么做。

"谢谢……"他虚弱地说。"我带你们进去。"

"皇军的忍耐有限。你要是再耍花招，我会一枪崩了你。但是你要是带对了，就给你五个银圆。"

海娃没有再说话。每次去三王庄送信，都是走小路，然而自己走的那条小路，却有个岔口通往指挥部布置的埋伏圈。

刚刚走上那条小路时，太君便觉得有些不对。把海娃拉到自己面前，冲着他吼，语气极其凶恶。可是海娃听不太懂，太君所有的表情语气就只能浪费掉。翻译官用同样凶恶的语气翻译了一遍：

"小孩儿，别以为我们杀了你就算了，我们会找到你的家，杀完你的父母、亲人、小朋友。你的羊和狗也全归我们。"

他把海娃放下来。海娃还是面无表情，把他往前面带。

大概同时有五支枪指着海娃。他默默地，坚定地，把日本兵往埋伏圈里带。

等到他们全都进了一块山间平地，海娃几乎要松一口气。这儿看起来正常，但左侧坡上森林里，右侧山头上都是极佳攻击位置。

还得再走走。

海娃沉住气，把他们往里头引，直到有几个大石头的地方，海娃突然拉着绳子，一闪身躲进石头背后，把牵他的翻译官几乎摔一个大跟头。

一个手榴弹、两个手榴弹……在日军的队伍中间爆炸了。枪声四起。太君的马受惊，太君表面看一手执着缰绳，一手正要掏枪，仔细看脑袋中被穿了一个洞，随时准备被甩下马。

整条路硝烟弥漫。海娃躺在石头上，真是在一片枪林弹雨中晕过去了。

如果说海娃是睡过去了，那他也不会做这么一个似睡非睡中的噩梦：翻译官受了重伤，献血淋漓，小眼镜打掉半边，对着他凄凄惨惨地笑。

"……"海娃半睁着眼。他想说什么？

"我的腿……炸……断……了……"

"……活……该……"海娃想吐唾沫却没有了力气，只能恨恨地盯住他。

"是……是活该，不应该……当……汉奸。"翻译官对他笑了。

他突然觉得翻译官的笑如此阴森森。他抓着自己的腿呢！海娃使劲抖开他，接着又陷入无意识状态。

第五节　海娃成了英雄

仿佛睡了很长时间醒来，海娃睁开眼，看到一条儿，又一条儿木头的天花板，还有一个电风扇在转。觉得自己身处一个陌生地方。"这是哪儿？"

一张脸凑了过来，动作很温柔，声音却难听到掉渣："你在指挥部。"

"赵团长！"海娃十分激动，以为自己喊出了很大的声音，实际上因为他力气没复原，只发出微弱的音。

然而赵团长的胡茬却因为这一句喊，绽放出微笑而变化起形状来了。胡须让位，露出一排整齐的白牙。

"这是张连长。"胡茬又变化了形状，脸往旁边移了移，露出另一张脸。

"呵，张连长，久仰久仰。"海娃模仿爸爸的口气说。张连长确实是爸爸表示过敬意的人。

两个大人相对一望,哈哈大笑。

"海娃,多亏了你啊,我们缴了很多枪!"张连长很高兴地说。

"枪?"海娃想到那些锃亮带刺刀的玩意儿。

张连长笑着说:"是,崭新油亮的三八式步枪!"

"三八式步枪"是什么样的枪,海娃没听过,但一定是极好的。"那,我也要一把。"

"你,你要真的当一个小八路,才能有枪啊!你愿意当一个真正的小八路吗?"

"愿意!"

赵团长跟张连长交换了一下眼色。"我们欢迎你，出色的小八路。"

第三个脑袋出现了，两个羊角辫一晃一晃。

"天意！"海娃很惊讶。她怎么来了？

天意眼睛里含着泪花，"海娃你太勇敢了……我要向你学习，你真是个英雄！"她说完就跑了。

第一次听到有人叫他"英雄"，还是平时班里成绩最好的一个女生，海娃的骄傲就别提了。他确实成了英雄。卧床这两天，村民们送来了自制锦旗，对联，给他炖的鸡汤，猪蹄炖海带等等，他随口一提就有人送来的各种小吃，应有尽有了。班里同学都来了，甚至吉吉也来了。一口一个"海娃哥哥大英雄"，一口一块鸡肉。

"哈哈，我是小英雄！"海娃还真如此想。

第三天，爸爸和张连长来了。两人交换一个眼色，张连长便先说了：

"海娃，因为你，我们不但全歼了这个团的鬼子，而且因为你送来的鸡毛信，我们炸毁了鬼子的碉楼。就是昨天的事儿。你……"他沉吟一下，"我的话说完了。我为你感到骄傲，海娃。"张连长冲海娃敬了个礼，出去了。

海娃还乐着呢，看到了爸爸严肃的表情。

"海娃啊，首先你知道，爸爸为你感到骄傲。"海娃点点头。

"但同时你可能不知道,中国的大片国土,都遭到了日本兵的进攻。上海,快要成日本人的地方了。上海可能很远,但是北京城里也进了日本人。"

爸爸顿了顿,"东三省,早就沦陷了。"

"海娃,"爸爸说,"你知道什么是英雄?张学良将军因为执行蒋介石的'不抵抗政策',让东北的三个省落到日本人手里,他感到屈辱。然而在西安,他为了抗日大局,发动'西安事变',让国共两党合作,共同抗日。他是个英雄吧?可是我们身边也有很多人是英雄呢。"

海娃以为爸爸又要夸自己,羞涩地笑了。

"不,不是夸你。"爸爸说,"那天在埋伏圈里,所有杀敌的战士,都是英雄。给你送汤,给你做糖藕,做驴肉火烧的阿姨,你受伤昏迷来给你打针的医生,都是英雄。

"然而为什么他们都叫你'英雄'?原因很简单:因为你做了那件事情,你处在那个位置上。你不知道天意也是秘密联络员吧?她也是受过训练的,如果事情让她碰到,那就是她成了'英雄'。

"没错,你做了一件非常好的事情。可是,海娃,如果你沾沾自喜,就不能很好地给吉吉做一个榜样,因为他只会看到一个只知道吃,躺在床上一动不动的'英雄',那吉吉就不想做英雄了。你的事情无论怎样伟大,自己都应该忘记它。你要继续做一个进步的好孩子。'英雄'说的不是你，是你做的这件事情。"

爸爸递给海娃一个苹果。"来，把苹果吃了，咱们去看看指挥部有什么要帮忙的吧！"

"嗯！"海娃用力点点头。

"爸爸最喜欢你这一点！"爸爸牵起海娃。

"哪一点呀？"

"悟性好。你这孩子呀，让爸爸自豪！"

路上他们碰到天意。海娃抢在天意之前说："天意我不知道你也是联络员！"

"嗯是的，"天意挺一挺胸，自豪地说，"张连长说，我做得可好啦。"她突然补上一句，"我真的特别敬佩你……"

"我这几天好吃懒做，几天没送信了。"海娃摆摆手，便和爸爸回家了。

"爸爸，羊还在吗？"

"少了六只，可是还有呢。"

……

当天晚上，海娃许久没睡。他真正体会到了整件事带给他的成就感，快乐与痛苦，一种成长的喜悦。长大之后，要做许许多多有用处的事情，做一个真正的英雄。至于这个英雄是伟大还是平凡，就无关紧要了。

第二天早上，一家人吃完早饭之后，海娃又要拿上羊鞭去赶羊，爸爸说："你可以拿上这个。"递给他一个沉甸甸的东西。爸爸脸上满是笑意。海娃感觉到了那东西的重量，掂一掂，脸上现出喜悦的神情。

"枪！"